Carlos Sanz

Alltagstauglich
Spanisch

Die wichtigsten Sätze zum Mitreden

Hueber Verlag

Ein kostenloser MP3-Download zum Buch ist unter
www.hueber.de/audioservice erhältlich.
© 2018 Hueber Verlag GmbH & Co. KG, München, Deutschland
Alle Rechte vorbehalten.
Sprecher: Neus Carbó, Crock Krumbiegel
Produktion: Tonstudio Langer, 85375 Neufahrn bei Freising, Deutschland

Dieses Werk ersetzt die ISBN 978–3–19–207932–0.

4   3.   2.   Die letzten Ziffern
2024   23   22   21   20   bezeichnen Zahl und Jahr des Druckes.
Alle Drucke dieser Auflage können, da unverändert,
nebeneinander benutzt werden.
1. Auflage
© 2018 Hueber Verlag GmbH & Co. KG, München, Deutschland
Umschlaggestaltung: Sieveking · Agentur für Kommunikation, München
Cover, Rücktitel: © Getty Images/iStock/ranplett
Co-Autor: John Stevens, Bad Münstereifel
Illustrationen: Adrian Sonnberger, www.die-illustration.de
Redaktion: Sibylle Haeffner, Hueber Verlag, München
Layout und Satz: Sieveking · Agentur für Kommunikation, München
Druck und Bindung: Friedrich Pustet GmbH & Co. KG, Regensburg
Printed in Germany
ISBN 978–3–19–217932–7

Art. 530_19456_001_02

EINFÜHRUNG

Gekonnt und sicher mitreden in vielen Alltagssituationen: Das bietet Ihnen Alltagstauglich Spanisch. Hier finden Sie zu vielen gängigen Gesprächsthemen idiomatisch richtige Wendungen, Fragen und Antworten, um eine Unterhaltung auf Spanisch leicht beginnen und flüssig fortführen zu können. Das Buch eignet sich zum Selbststudium, zur Auffrischung oder Verbesserung der Spanischkenntnisse sowie als Begleiter auf Reisen.

Einen Überblick über die behandelten Themen bieten die folgenden zwei Seiten. Jedes Hauptkapitel (A, B, C …) enthält vier zum Thema passende Unterkapitel (1, 2, 3, 4 …). Die Unterkapitel sind tabellarisch (Spanisch – Deutsch) aufgebaut und nehmen je eine Doppelseite ein. In der Randspalte finden Sie Hinweise zum Sprachgebrauch. Am Ende eines jeden Unterkapitels erfahren Sie unter der Rubrik „Gut zu wissen" allerhand Interessantes zu Sprache, Landeskunde und interkultureller Kompetenz.

Die wichtigsten Dos & Don'ts für ein gelungenes Gespräch (Umschlaginnenseite vorne), Hinweise zur Körpersprache (ab S. 110), eine kurze Grammatik-Übersicht zu den Personalpronomen „tu", „usted", „vosotros" und „ustedes" und den entsprechenden Personalendungen (S. 112) sowie eine Anleitung zum Buchstabieren (Umschlaginnenseite hinten) runden das Werk ab.

Ein kostenloser MP3-Download zu allen Wendungen und Sätzen ist unter www.hueber.de/audioservice erhältlich. So können Sie die richtige Aussprache trainieren und ganz einfach unterwegs lernen und üben.

Ein paar weitere Hinweise zum Lernen mit diesen Buch:
- Das in den Beispielsätzen angegebene Personalpronomen (z. B. das höfliche „usted") bzw. die entsprechende Personalendung ist selbstverständlich je nach Kontext austauschbar (z. B. mit „tu" oder „vosotros"). Eine kurze Grammatik-Hilfe hierzu finden Sie auf Seite 112.
- Die deutschen Texte stellen idiomatische Entsprechungen dar und keine wortwörtlichen Übersetzungen.
- In kursiver Schrift werden alternative Begriffe bzw. Ausdrücke dargestellt.
- ♂ = männliche Form / ♀ = weibliche Form / Ⓛ = lateinamerikanische Variante

Viel Erfolg wünschen Autor und Verlag!

A

Begrüßen,
Vorstellen und
Verabschieden

1 El primer encuentro
Die erste Begegnung

Anders als im
Deutschen ist im
Spanischen immer
noch die Anrede
señorita gebräuch-
lich (bei jüngeren
Frauen).

Buenos días wird
bis zur Essenszeit
gebraucht (zwischen
13 und 14 Uhr),
buenas tardes am
Nachmittag und
Abend (bis etwa
22 Uhr, danach:
buenas noches).

¿Señor / Señora / Señorita Sánchez?	*Herr / Frau / Frau* Sánchez?
¿Perdone / Disculpe, es usted el señor Pastor?	Entschuldigung, sind Sie Herr Pastor?
Usted debe ser *el señor / la señora / la señorita* López.	Sie müssen *Herr / Frau / Frau* López sein.
Buenos días.	Guten Tag.
Buenas tardes.	Guten Abend.
Buenas noches.	Gute Nacht.
Mucho gusto.	Angenehm.
♂ Encantado / ♀ Encantada…	Es freut mich, …
… de ♂ conocerlo / ♀ conocerla personalmente.	…, Sie persönlich zu treffen.
♂ Bienvenido / ♀ Bienvenida a España.	Willkommen in Spanien.
Podemos tratarnos de tú, ¿no?	Wollen wir uns duzen?
Por supuesto / Claro que sí, yo me llamo Carmen.	Aber natürlich, ich heiße Carmen.
Muchas gracias por venir a recogerme.	Vielen Dank fürs Abholen.
De nada, *es un placer / no faltaría más.*	Nichts zu danken, *es ist mir ein Vergnügen / das ist doch selbstverständlich.*
¿Qué tal *el vuelo / el viaje?*	Wie war *der Flug / die Reise?*
Perdone / Disculpe el retraso…	Entschuldigen Sie die Verspätung …

… es que ha habido un problema con…	… es gab ein Problem mit …
Todo ha ido perfectamente.	Alles ist gut gelaufen.
Bueno … ha habido problemas, pero se lo cuento más tarde, ¿vale?	Also … es gab Probleme, aber ich erzähle es Ihnen später, ja?
¿♂ Lo / ♀ La ayudo con las maletas?	Kann ich Ihnen mit den Koffern helfen?
Déjeme / Permítame que le lleve el bolso.	Lassen Sie mich die Tasche tragen.
Estupendo, muchas gracias.	Das wäre toll, vielen Dank.
Muy amable, gracias.	Das ist sehr freundlich, danke.
No gracias, ya puedo yo.	Danke (nein), ich schaffe das schon.
¿Nos vamos?	Wollen wir gehen?
Por aquí. Está cerca.	Hier (ent)lang, es ist nicht weit.
Vamos a *coger / tomar* un taxi.	Wir nehmen ein Taxi.
Tenemos que coger *el metro / el (auto)bus.*	Wir müssen *die U-Bahn / den Bus* nehmen.
Tarda más o menos… minutos.	Es sind etwa … Minuten.
El trayecto dura *media hora / una hora.*	Die Fahrt dauert *eine halbe Stunde / eine Stunde.*
Tengo el coche justo delante de *la puerta / la entrada.*	Mein Auto steht direkt *vor der Tür / vorm Eingang.*
Estoy en *el aparcamiento / el parking.*	Ich stehe *auf dem Parkplatz / im Parkhaus.*

In den meisten Ländern Lateinamerikas ist das Perfekt (z. B. *ha habido*) nicht gebräuchlich. Stattdessen verwendet man das *Indefinido* (z. B. *hubo*).

Anders als im Deutschen folgt auf das Verb *ayudar* (helfen) ein Akkusativ. Bietet man einer Frau seine Hilfe an, verwendet man daher das Pronomen ♀ *la,* bei einem Mann ♂ *lo* (in einigen Gegenden Spaniens auch ♂ *le*).

In Argentinien und Uruguay hat das Verb *coger* eine vulgäre Bedeutung. In der Bedeutung „nehmen" wird das Verb *tomar* verwendet.

> **Gut zu wissen!**
> Spanier gehen etwas schneller als Lateinamerikaner zum „Du" über. Das „Sie" zeugt von Respekt vor älteren Menschen oder Vorgesetzten. Das „Du" bietet man oft an, um ein angenehmes und freundliches Arbeitsklima zu schaffen. Es muss jedoch kein Freundschaftsangebot sein.

A

Begrüßen,
Vorstellen und
Verabschieden

2 Reencuentros
Sich wieder treffen

Die Frage *¿Qué tal?*
hat sich als ein
schneller Gruß
etabliert und oft
antwortet man nur
mit einem *¡Hola!,*
anstatt Auskunft
über das Befinden
zu geben.

¡Hola Carlos!	Hallo Carlos!
Encantado de volver a verte.	Schön, dich wiederzusehen.
Igualmente.	Ebenso.
¿Qué tal?	Wie geht's?
¿Cómo va todo?	Wie geht's denn so?
(Muy) bien. / Estupendamente. *¿Y tú qué tal?*	*(Sehr) gut. / Super.* Und wie geht's dir?
Regular…	So lala …
¡Cuánto tiempo sin verte!	Lange nicht gesehen.
¡Cuánto tiempo!	Es ist schon lange her.
¿Cuándo nos vimos por última vez?	Wann haben wir uns das letzte Mal gesehen?
La última vez fue…	Das letzte Mal war …
No has cambiado nada.	Du hast dich überhaupt nicht verändert.
¡Casi no te reconozco!	Ich hätte dich fast nicht wieder erkannt!
Se me ha caído el pelo.	Ich habe ein paar Haare verloren.
He engordado un poquito.	Ich habe ein bisschen zugenommen.
Has adelgazado, ¿no?	Du hast abgenommen, oder?
Te has cambiado el peinado, ¿verdad?	Du trägst die Haare anders, nicht wahr?
Te sienta (muy) bien.	Es steht dir (sehr) gut.
¡Qué ♂ guapo / ♀ guapa estás!	Du siehst toll aus.

¿Habéis encontrado bien la dirección?	Habt ihr gut hierher gefunden?
Me alegro de volver a verte.	Ich freue mich, dich wiederzusehen.
Me alegro mucho de que *lo hayas conseguido / haya salido bien.*	Ich freue mich wirklich sehr, dass *du es geschafft hast / es geklappt hat.*
No te puedes (ni) imaginar lo que te he echado de menos.	Du kannst dir gar nicht vorstellen, wie sehr du mir gefehlt hast.
¿Qué hay de nuevo?	Was gibt's Neues?
Pues han pasado muchas cosas.	Es hat sich viel getan.
Todo sigue como siempre.	Es ist eigentlich alles beim Alten geblieben.
No recuerdo cuándo estuviste (aquí) la última vez.	Ich weiß nicht mehr genau, wann du das letzte Mal hier warst.
¿Qué tal está Julia?	Wie geht es Julia?
¿Qué tal están Martín y Sandra?	Wie geht es Martín und Sandra?
A Rebeca le hace (mucha) ilusión *volver a verte / conocerte.*	Rebeca freut sich (sehr) darauf, dich *wiederzusehen / kennenzulernen.*
Hay alguien que se muere de ganas de conocerte.	Es gibt jemanden, der es kaum erwarten kann, dich kennenzulernen.
Todo *esto / eso* me resulta muy familiar.	Das kommt mir alles sehr bekannt vor.
Todo *esto / eso* ahora ha cambiado.	Das alles ist jetzt anders.

> **Gut zu wissen!**
> Spanier und Lateinamerikaner kommen in der Regel zwischen 5 und 15 Minuten später, wenn sie bei Freunden oder Bekannten eingeladen sind. So gibt man den Gastgebern ausreichend Zeit, sich auf den Empfang der Gäste vorzubereiten.

Esto verwendet ein Sprecher, wenn etwas - räumlich oder zeitlich – ganz in seiner Nähe ist. *Eso* weist auf etwas hin, was sich näher beim Angesprochenen befindet.

3 Presentar y conocerse
Sich untereinander bekannt machen

Ausdrücke, um im
Gespräch auf sich
aufmerksam zu
machen, sind z.B.
ven (komm), *mira /
mire* (schau /
schauen Sie),
perdona / perdone
(entschuldige /
entschuldigen Sie).

¿Conoce a Bernardo, mi marido?	Kennen Sie meinen Mann Bernardo?
¿Ya conoce a Ana, mi compañera de trabajo?	Haben Sie schon meine Kollegin Ana kennengelernt?
¿Conoces a alguien aquí?	Kennst du hier irgend-jemanden?
Mira, te presento a Rolando.	Lass mich dir Rolando vorstellen.
Me gustaría presentarle a Juana Ruíz.	Ich möchte Sie gerne mit Juana Ruíz bekannt machen.
Permítame que le presente a Julián Lasalle.	Darf ich Ihnen Julián Lasalle vorstellen?
Este es mi hijo Marcos.	Das ist mein Sohn Marcos.
Estos son Rebeca y Martín.	Das sind Rebeca und Martín.
♂ Este es… / ♀ Esta es…	Das ist …
… mi pareja.	… *mein Partner / meine Partnerin.*
… mi compañero / mi compañera.	… *mein Partner / meine Partnerin.*
… mi marido / mi mujer.	… *mein Mann / meine Frau.*
… mi hijo / mi hija.	… *mein Sohn / meine Tochter.*
… mi novio / mi novia.	… *mein Freund / meine Freundin.*
… mi socio / mi socia.	… *mein Geschäftspartner / meine Geschäftspartnerin.*
… mi jefe / mi jefa.	… *mein Chef / meine Chefin.*
… un compañero / una compañera de trabajo.	… *ein Kollege / eine Kollegin.*

... un buen amigo mío / una buena amiga mía.	*... ein guter Freund / eine gute Freundin* von mir.
... nuestro vecino / nuestra vecina.	*... unser Nachbar / unsere Nachbarin.*
¿No nos conocemos todavía, verdad?	Wir kennen uns noch nicht, oder?
Perdone, ¿no nos conocemos?	Entschuldigung, kennen wir uns nicht?
Permítame que me presente.	Erlauben Sie mir, dass ich mich vorstelle.
Me han hablado *mucho / tanto* de usted.	Ich habe schon *viel / so viel* über Sie gehört.
¿Hemos hablado por teléfono, verdad?	Wir haben miteinander telefoniert, nicht wahr?
Le he reconocido *la voz / la cara* en seguida.	Ich habe *Ihre Stimme / Ihr Gesicht* sofort erkannt.
Ya sabía yo que nos conocíamos de algo.	Ich wusste, dass wir uns schon irgendwo begegnet sind.
Lo siento, / Disculpe, es que soy ♂ malísimo / ♀ malísima para recordar nombres.	Entschuldigung, leider kann ich mir Namen ganz schlecht merken.
Me temo / Creo que ha habido un malentendido.	Ich *fürchte / glaube*, hier liegt ein Missverständnis vor.
Me parece que usted me confunde con otra persona.	Ich glaube, Sie verwechseln mich mit jemand anderem.
Ay, perdone, es que se le parece muchísimo.	Ach, Entschuldigung, aber Sie sehen *ihm / ihr* sehr ähnlich.

Mit *es que* werden häufig Erklärungen oder Ausreden eingeführt.

Gut zu wissen!
Im Spanischen ist „ein Freund / eine Freundin"
amigo / amiga, „der (feste) Freund / die (feste) Freundin"
hingegen *novio / novia.* Von seinem Lebensgefährten /
seiner Lebensgefährtin spricht man als *compañero /
compañera.* Das Wort *pareja* entspricht dem Deutschen
„Partner" und ist unveränderlich im Geschlecht.

A

Begrüßen,
Vorstellen und
Verabschieden

In Argentinien und
Uruguay verab-
schiedet sich man
auch mit einem
¡Chau! In anderen
Ländern Latein-
amerikas wird oft
¡Nos vemos! benutzt.

4 Despedirse
Sich verabschieden

Adiós.	*Auf Wiedersehen / Tschüss.*
Hasta luego.	*Tschüss. / Bis gleich.*
Hasta pronto.	Bis bald.
Cuídate.	Pass auf dich auf.
Hasta el próximo domingo.	Bis nächsten Sonntag.
Me ha encantado volver a verte.	Es war schön, dich wiederzusehen.
Ha sido un placer ♂ conocerlo / ♀ conocerla.	Es hat mich (sehr) gefreut, Sie kennenzulernen.
Me alegro de volver a ♂ verlo / ♀ verla pronto.	Ich freue mich darauf, Sie bald wieder zu sehen.
Nos vemos entonces en Sevilla, a más tardar.	Wir sehen uns dann spätestens in Sevilla.
¡(Que tenga un) buen vuelo!	Guten Flug! *(Sie-Form)*
¡(Que tengas un) buen vuelo!	Guten Flug! *(Du-Form)*
Espero que todo vaya bien.	Ich hoffe, dass alles gut geht.
Envíame / Mándame un mensaje si hay algún problema.	Schick mir eine SMS, wenn es irgendwelche Probleme gibt.
Dame un toque cuando llegues a casa.	Ruf kurz durch, wenn du zu Hause bist.
Avísame cuando hayas llegado.	Gib mir Bescheid, wenn du angekommen bist.
Muchos saludos a Carlos.	Viele Grüße an Carlos.
Saluda a Carmen de mi parte.	Grüß mir Carmen.

Dele recuerdos a su mujer de mi parte.	Grüßen Sie Ihre Frau von mir.
Seguimos en contacto, ¿vale?	Wir bleiben in Kontakt, o.k.?
No te olvides de avisarme si vienes otra vez por aquí.	Vergiss nicht, mir Bescheid zu geben, wenn du wieder einmal in der Gegend bist.
Puedes quedarte en casa cuando quieras.	Wir haben immer ein Bett frei.
Pásate por *aquí / casa* cuando quieras.	Du kannst jederzeit vorbeischauen.
Usted sabe que siempre será bien recibido.	Sie sind uns immer willkommen, das wissen Sie.
Si me disculpa…	Wenn Sie mich bitte entschuldigen …
Me temo que tengo que marcharme dentro de poco.	Ich fürchte, ich muss bald gehen.
Tengo que marcharme.	Ich muss jetzt leider los.
Ya es hora de *irse / marcharse.*	Es wird Zeit zu gehen.
¡Qué tarde se ha hecho!	Es ist spät geworden!
Se está haciendo tarde.	Es wird langsam spät.
Ya es hora de *irme / marcharme.*	Es ist Zeit, dass ich mich auf den Weg mache.
Me tengo que ir.	Ich muss los.
No, de verdad, tengo que irme ya.	Nein, ich muss jetzt wirklich gehen.
Lo he pasado muy bien.	Es war sehr schön.

Begrüßungen und Verabschiedungen werden oft von Wangenküssen und Schulterklopfen begleitet, auch in der Arbeitswelt. Frauen geben sich zwei Küsse und Männer klopfen sich z. B. gegenseitig leicht auf den Oberarm oder die Schulter.

Gut zu wissen!
In Spanien und Lateinamerika dauern Verabschiedungen gerne etwas länger. Nachdem man zum ersten Mal angekündigt hat, dass man gehen will, kann noch viel Zeit vergehen, bis man endgültig geht. Es soll nicht der Eindruck entstehen, man wolle die nette Gesellschaft zu schnell verlassen.

B

**Guter Umgang:
Bitte, danke
& Co.**

5 Por favor y gracias
Bitte und danke

„Danke" kann im Deutschen eine freundliche Ablehnung sein. Im Spanischen jedoch muss man auch die Verneinung dazu sagen: *no gracias*. Nur ein *gracias* könnte als Zustimmung verstanden werden.

Un momento, por favor.	Einen Augenblick, bitte.
¿Necesita ayuda? – Sí, si es tan amable…	Benötigen Sie Hilfe? – Ja, wenn Sie so freundlich sind …
No gracias, todo en orden.	(Nein) danke, alles in Ordnung.
¿Me lo carga a (la cuenta de) la habitación, por favor?	Können Sie es bitte auf meine Zimmerrechnung setzen?
¿Me puede indicar cómo llegar a la estación, por favor?	Würden Sie mir bitte zeigen, wie ich zum Bahnhof komme?
¿Puede firmar aquí, por favor?	Würden Sie bitte hier unterschreiben?
¿Le importa si traigo a *un amigo / una amiga*?	Hätten Sie etwas dagegen, wenn ich *einen Freund / eine Freundin* mitbringe?
¿Sería tan amable de cambiar el coche de sitio? Es que tengo que…	Wären Sie bitte so freundlich, Ihr Auto umzuparken? Ich muss nämlich …
¿Le importaría esperar aquí un momentito, por favor?	Würde es Ihnen etwas ausmachen, hier kurz zu warten?
¿Me haría usted el favor de…?	Würden Sie mir den Gefallen tun, …?
Gracias.	Danke.
Muchas gracias.	Vielen Dank.
Muchísimas gracias.	Vielen herzlichen Dank.
Muy amable, gracias.	Sehr freundlich, danke.

¿Le apetece / Quiere un poco más de café? – No gracias.	Möchten Sie noch etwas Kaffee? – (Nein) danke.
¿Me pone un poco más de café? – *Claro / Cómo no,* aquí tiene.	Könnte ich noch etwas Kaffee haben? – Aber natürlich, bitte sehr. *(Sie-Form)*
¿Me pones un poco más de café? – *Claro / Cómo no,* aquí tienes.	Könnte ich noch etwas Kaffee haben? – Aber natürlich, bitte sehr. *(Du-Form)*
Gracias. – De nada.	Danke. – Bitte.
Gracias. – No hay de qué.	Danke. – Keine Ursache.
Gracias. – ¡Para servirle!	Danke. – Stets zu Diensten!
Gracias. – ¡A mandar!	Danke. – Aber bitte doch!
Ha sido usted una gran ayuda.	Sie waren mir eine große Hilfe.
(Eso es) muy amable de *tu / su* parte.	Das ist sehr freundlich von *dir / Ihnen.*
¡Eres un *sol / cielo*!	Du bist ein Schatz!
¡Siempre he querido tener algo así!	So etwas habe ich mir schon immer gewünscht!

Der Ausdruck *¡Para servirle!* ist sehr förmlich und wird eher selten gebraucht. *¡A mandar!* ist wiederum eher informell und umgangsprachlich.

Gut zu wissen!
Bei Bestellungen in der Bar fasst man sich in Spanien kurz. Deshalb ist es nicht üblich, sich beim Kellner jedes Mal zu bedanken, wenn er das Gewünschte bringt. Anders ist das bei Verkaufsgesprächen in Geschäften, hier ist man deutlich förmlicher: *Por favor, quisiera / me gustaría probarme este pantalón.* (Ich würde bitte gern diese Hose anprobieren.)

6 Pedir disculpas
Sich entschuldigen

Die Verben *perdonar* und *disculpar* sind austauschbar. Der einzige Unterschied ist, dass *disculpar* etwas förmlicher klingt. Man kann zur Entschuldigung aber auch das Substantiv *perdón* benutzen.

Lo siento.	Tut mir leid.
Lo siento *mucho / muchísimo / en el alma*.	Es tut mir *so / sehr / furchtbar* leid.
¡No sabe cuánto lo siento!	Ich kann Ihnen gar nicht sagen, wie leid es mir tut!
Perdón / Perdone, no le había visto.	*Entschuldigung / Entschuldigen Sie*, ich habe Sie nicht gesehen.
Le pido disculpas por…	Ich bitte um Verzeihung, …
Disculpe las molestias…	Verzeihen Sie die Umstände …
No quería *molestarle / causarle molestias*.	Ich wollte *Sie nicht stören / Ihnen keine Umstände machen*.
Perdone que le moleste.	Entschuldigung, dass ich störe.
Perdone la molestia.	Entschuldigen Sie die Störung.
Perdón por *el retraso /* Ⓛ *la demora*.	Entschuldigung für die Verspätung.
Perdone / Disculpe, por favor.	Entschuldigen Sie bitte.
Le pido disculpas.	Ich bitte um Entschuldigung.
Le ruego acepte mis disculpas.	Ich bitte aufrichtig um Entschuldigung.
No entiendo cómo ha podido ocurrir.	Ich verstehe nicht, wie das passieren konnte.
Esto nunca debería haber ocurrido.	Das hätte nie passieren dürfen.

Esto me resulta realmente muy embarazoso.	Das ist mir wirklich sehr peinlich.
(Me) parece que ha habido un malentendido.	Es scheint ein Missverständnis vorzuliegen.
Debe de tratarse de *un error / un descuido*.	Es muss sich um *einen Fehler / ein Versehen* handeln.
Algo ha ido mal.	Es ist etwas schief gelaufen.
Ha habido una tremenda confusión.	Es gab ein richtiges Durcheinander.
No volverá a ocurrir.	Es wird nicht wieder vorkommen.
No sabía que tenía visita.	Ich wusste nicht, dass Sie Besuch haben.
Me han entretenido.	Ich bin leider aufgehalten worden.
Me ha surgido un imprevisto.	Mir ist etwas dazwischen gekommen.
No *le / te* esperaba tan pronto.	So früh habe ich *Sie / dich* gar nicht erwartet.
Perdón. – No pasa nada.	Entschuldigung. – Kein Problem.
Todo en orden.	Alles in Ordnung.
No te preocupes.	Mach dir keine Sorgen.
¡(Si) no importa!	Es macht doch nichts!
¡(Si) da igual!	Ist doch egal!
No pasa nada.	Macht nichts.
No ha pasado nada.	Nichts passiert.

Bei Entschuldigungen fasst man den „Geschädigten" oft z. B. am Arm an, sucht also den körperlichen Kontakt.

Gut zu wissen!
Spanier und Lateinamerikaner unterstreichen sehr oft das Gesagte durch Körpersprache: Bei einer Entschuldigung zeigt man z. B. häufig die erhobene Handfläche oder führt sie zur Brust. Mehr zu Gesten und Körpersprache finden Sie ab Seite 110.

7 ¿Me lo puede repetir, por favor?

Können Sie das bitte wiederholen?

¿Habla usted *español / alemán*?	Sprechen Sie *Spanisch / Deutsch*?
Sí, pero (lamentablemente) solo un poquito.	Ja, aber (leider) nur ein wenig.
¿Me entiende?	Verstehen Sie mich?
¿Me sigue? / ¿Me explico?	Können Sie mir folgen?
Entiendo.	(Ich) verstehe.
¿Cómo? / ¿Qué?	*Wie bitte? / Was?*
Perdón, pero (eso) no lo entiendo.	Entschuldigung, ich verstehe (das) nicht.
Eso no lo he entendido (muy bien).	Das habe ich leider nicht (ganz) mitbekommen.
Perdone, *¿qué / cómo* ha dicho?	Entschuldigung, was haben Sie gesagt?
Perdón, ¿cómo ha dicho que se llamaba?	Entschuldigung, wie war nochmal Ihr Name?
¿Podría / Le importaría hablar un poquito más despacio, por favor?	Könnten Sie bitte etwas langsamer sprechen?
¿Podría / Le importaría hablar un poquito más alto, por favor?	Könnten Sie bitte etwas lauter sprechen?
Perdone, ¿le importaría repetirlo?	Entschuldigung, könnten Sie das bitte wiederholen?
Perdón, ¿cómo era *eso / la palabra*?	Entschuldigung, wie war *das / das Wort* noch mal?
¿Me lo puede escribir, por favor?	Könnten Sie es mir bitte aufschreiben?

Die Frage *¿Qué?* wird unter Freunden und Verwandten häufig benutzt, wenn man etwas nicht verstanden hat. In einem formellen Umfeld gilt *¿Qué?* eher als unhöflich, man verwendet besser *¿Cómo?*

¿Se escribe con c o con z?	Schreibt man das mit c oder z?
¿Eso es una S mayúscula o minúscula?	Ist das ein großes oder kleines S?
¿Quiere usted decir…?	*Meinen Sie …? / Wollen Sie … sagen?*
¿Qué significa…?	Was bedeutet …?
No conozco la palabra española (para eso).	Ich kenne leider das spanische Wort (dafür) nicht.
¿Cómo se dice … en español?	Wie heißt … auf Spanisch?
¿Cómo se llama esto en español?	Wie nennt man das auf Spanisch?
¿Cómo digo en español que…?	Wie sage ich auf Spanisch, dass …?
¿Cómo se dice lo mismo en *español / alemán*?	Wie lautet die *spanische / deutsche* Entsprechung?
¿Me puede dar un ejemplo?	Können Sie mir ein Beispiel nennen?
¿Cómo se pronuncia?	Wie spricht man das aus?
¿Cómo se escribe?	Wie schreibt man das?
Disculpe, me parece que me he expresado mal.	Entschuldigung, ich glaube, ich habe mich falsch ausgedrückt.
Intentaré explicarlo *con otras palabras / de otra forma.*	Ich versuche, es anders zu sagen.
Lo que quería decir es que…	Was ich (eigentlich) sagen wollte, war …

In Spanien und Lateinamerika ist es nicht üblich, nach einer Buchstabiertafel („A wie Anton" etc.) zu buchstabieren. Es werden einfach die Buchstaben genannt, z. B. *pozo: pe, o, zeta, o.* Nur wenn ein Buchstabe nicht klar ist, verwendet man ein Beispielwort: *B de Barcelona* (siehe auch die Anleitung zum Buchstabieren im Anhang).

> **Gut zu wissen!**
> Im Spanischen wird wie im Deutschen oft das Imperfekt verwendet, um Wiederholungen zu erbitten: *¿Cómo **era** la palabra?* Somit wird klar gemacht, dass das Wort zwar schon mal gehört wurde, aber man eine Wiederholung braucht.

B

Guter Umgang: Bitte, danke & Co.

8 Mantener viva la conversación
Gespräche in Gang halten

Wenn man etwas betonen will, wird oft ein *qué* davor gesetzt: *¡Qué bien!*

¿Ah, sí? / ¿De verdad?	*Ach so? / Ach wirklich?*
¡Qué interesante!	Wie interessant.
Ya…	Aha …
¡Cuenta, cuenta!	Erzähl mal!
No lo sabía.	Das wusste ich nicht.
No tenía noticia. / No sabía nada (de eso).	Davon habe ich (noch) nie etwas gehört.
¡Qué *bien / fantástico / increíble!*	Das ist ja *großartig / fantastisch / unglaublich*.
¿No es estupendo? / ¿A que es fantástico?	Ist das nicht einfach großartig?
¡Vaya!	Mensch!
¡Anda!	Nein, so was!
¡No me digas!	Was du nicht sagst!
¡Madre mía!	Ach du meine Güte!
¡Guay! / ¡Qué guay! / ¡Chévere! (Venezuela)	Cool!
No sé qué decir.	Ich weiß nicht, was ich sagen soll.
¿Y qué pasó después?	Was ist dann passiert?
¿Y cómo se han enterado / lo han sabido?	Wie haben Sie es herausgefunden?
¿Y tú qué has hecho?	Was hast du (dann) gemacht?
¿Y al final cuándo llegaron (ustedes)?	Wann sind Sie dann letztendlich angekommen?
Es la primera vez que lo oigo.	Das höre ich zum ersten Mal.

¡Vaya! wird verwendet, um Enttäuschung, aber auch Überraschung auszudrücken.

No sé qué decir sagt man zum Beispiel, wenn man ein Geschenk erhalten hat. Erstaunen über eine Nachricht drückt man z. B. mit *me he quedado de piedra* (ich bin wie versteinert) aus.

¡Qué horror!	Wie schrecklich!
Pues (eso) debió (de) ser complicado, ¿no?	Das muss ja knifflig gewesen sein.
¡Qué situación más *extraña / rara*!	Was für eine ungewöhnliche Situation.
(Pues) yo no sé lo que habría hecho.	Ich weiß nicht, was ich gemacht hätte.
(Pues) yo habría hecho lo mismo.	Ich hätte dasselbe getan.
A mí siempre me parece que…	Ich finde immer, dass …
A mí (también) me pasó lo mismo.	So etwas ist mir auch schon mal passiert.
Eso me saca de mis casillas.	So etwas bringt mich immer gleich auf die Palme.
¡Qué me cuentas!	Was erzählst du denn da!
¿Cómo era eso?	Wie war das noch mal?
¿Y de verdad tuvisteis que…?	Musstet ihr wirklich …?
¿Y cómo fue la reacción?	Und wie war die Reaktion?
¿Y ella (entonces) qué *dijo / hizo*?	Was hat sie (dann) *gesagt / getan*?
¿Y eso fue todo?	Und das war's dann?

Das Wort *pues* hört man in der gesprochenen Sprache sehr oft. Es hat viele Bedeutungen (also, denn, tja, …), unter anderem leitet man damit eine eigene Meinung ein: *Creo que voy a hablar con él. – Pues yo no lo haría.* (Ich glaube, ich werde mit ihm reden. – Also ich würde es nicht tun.)

Gut zu wissen!
In Spanien und Lateinamerika wird es fast als Kunst betrieben, sich angeregt zu unterhalten. Gesprächs-pausen sind selten und eher peinlich, da der andere denken könnte, dass man nicht an einem Gespräch interessiert ist. Deshalb werden oft Füllwörter ver-wendet, um das Gespräch in Fluss zu halten. Themen, über die man gern spricht, sind z. B. Familie, Gesund-heitsprobleme, Klatsch und Tratsch in der Arbeit, Unternehmungen am Wochenende, Ausgehen u. ä. Gespräche über Politik, Glauben, Finanzen oder Gehalt sollte man möglichst vermeiden.

C

Miteinander ins Gespräch kommen

Bei der Ortsangabe kann das Verb *estar* immer durch *encontrarse* (sich befinden) ersetzt werden.

9 ¿De dónde eres?
Über die Herkunft sprechen

¿Y de dónde es usted?	Und woher kommen Sie?
¿En qué ciudad vive?	Wo sind Sie zu Hause?
¿De dónde es usted ♂ originario / ♀ originaria?	Woher kommen Sie ursprünglich?
¿En qué parte del país *está / se encuentra*?	In welchem Teil des Landes ist das?
Déjeme adivinar: ¿es usted *mexicano / mexicana*?	Lassen Sie mich raten: Sie sind *Mexikaner / Mexikanerin*?
¿Es usted (por casualidad) *argentino / argentina*?	Sind Sie (zufällig) *Argentinier / Argentinierin*?
Soy...	Ich bin ...
alemán / alemana.	*Deutscher / Deutsche*.
austríaco / austríaca.	*Österreicher / Österreicherin*.
suizo / suiza.	*Schweizer / Schweizerin*.
Soy de *Alemania / Austria / Suiza*.	Ich bin aus *Deutschland / Österreich / der Schweiz*.
Soy de *un pueblo / un sitio / una ciudad* que se llama...	Ich bin aus *einem Dorf / einem Ort / einer Stadt* namens ...
Eso está en el *norte / sur / este / oeste*.	Das liegt im *Norden / Süden / Osten / Westen*.
Está al *norte / sur / este / oeste* de Colonia.	Es liegt *nördlich / südlich / östlich / westlich* von Köln.
Está más o menos en el centro de Alemania.	Es liegt so etwa in der Mitte von Deutschland.
Está cerca de Berlín.	Es liegt in der Nähe von Berlin.

No está muy lejos de Múnich.	Es ist nicht weit (entfernt) von München.
Está *a orillas del Rin / en la Selva Negra / en la costa.*	Es liegt *am Rhein / im Schwarzwald / am Meer.*
Está en *Renania-Palatinado / Baviera / (Baja) Sajonia.*	Es liegt in *Nordrhein-Westfalen / Bayern / (Nieder-)Sachsen.*
Es un pueblo pequeñísimo.	Es ist ein winzig kleiner Ort.
Está en medio de la nada.	Es ist mitten im Nirgendwo.
No creo que haya oído hablar de ♂ él / ♀ ella.	Sie haben wahrscheinlich nie davon gehört.
No se preocupe si no ha oído hablar nunca de ♂ él / ♀ ella. ¡Yo tampoco, hasta que me fui a vivir allí!	Denken Sie sich nichts, wenn Sie nie davon gehört haben. Das hatte ich auch nicht, bis ich dahin gezogen bin!
A mí me gusta. No se vive mal allí.	Mir gefällt es. Dort lässt es sich gut leben.
El sitio es un poco aburrido.	*Die Gegend / Der Ort* ist eher öde.
Uno se siente a gusto donde está su gente, ¿verdad?	Wo man Freunde hat, da fühlt man sich zu Hause, stimmt's?
Yo nací en…	Ich bin in … geboren.
Me crié en…	Ich bin in … aufgewachsen.
Hace cuatro años (que) me mudé a Hanover.	Ich bin vor vier Jahren nach Hannover gezogen.
¿Es la primera vez que está aquí?	Sind Sie denn das erste Mal hier?
¿Es la primera vez que viene a Viena?	Ist das Ihre erste Reise nach Wien?

Weitere Orts- und Ländernamen:
Aachen – *Aquisgrán*
die Alpen – *los Alpes*
Basel – *Basilea*
Bern – *Berna*
der Bodensee – *el Lago de Constanza*
die Donau – *el Danubio*
Dresden – *Dresde*
die Elbe – *el Elba*
Frankfurt – *Fráncfort*
Freiburg – *Friburgo*
Genf – *Ginebra*
Hamburg – *Hamburgo*
die Nordsee – *el Mar del Norte*
Nürnberg – *Núremberg*
die Ostsee – *el Mar Báltico*
Regensburg – *Ratisbona*
Salzburg – *Salzburgo*

Gut zu wissen!
Die Zuwanderung aus Lateinamerika hat in den vergangenen Jahren die spanische Gesellschaft verändert. Besonders im Service-Bereich arbeiten viele Menschen aus Ecuador, Kolumbien, Argentinien oder Peru.

10 Hablar del tiempo
Über das Wetter sprechen

Qué buen día hace hoy, ¿verdad?	Schöner Tag heute, nicht wahr?
Qué día más malo, ¿verdad?	Was für ein schrecklicher Tag heute, nicht wahr?
¡Hace un día *precioso / fantástico*!	Was für ein *herrlicher / wunderbarer* Tag.
¡Hace un tiempo de perros!	Was für ein Hundewetter!
Es mejor que *ayer / hoy por la mañana*.	Es ist besser als *gestern / heute Morgen*.
¡Qué *calor / frío / viento* (que) hace!	Wie *heiß / kalt / windig* es ist!
¡Cuánta niebla!	Es ist so neblig!
Esta lluvia / Esta niebla / Este viento es horrible, ¿no?	Dieser *Regen / Nebel / Wind* ist schrecklich, oder?
Por lo menos / Al menos no llueve.	Wenigstens regnet es nicht.
¡Hay que ver cómo castiga hoy el sol! ¡No se puede estar en la calle!	Was für eine brennende Hitze heute! Man kann kaum draußen sein!
Uno agradece el sol después de tanto tiempo sin verlo.	Es ist schön, nach so langer Zeit mal wieder die Sonne zu sehen.
¿Cómo es el tiempo normalmente en esta época del año?	Wie ist das Wetter in dieser Jahreszeit normalerweise?
Aquí es a menudo así.	Es ist oft so hier.
No tenemos mucha nieve.	Wir haben nicht viel Schnee.
(No) me gusta cuando *hace / hay*…	Ich mag es (nicht), wenn es … ist.

Uno wird im Spanischen oft benutzt, um eine unpersönliche Aussage zu machen.

Me encanta *la primavera / el sol*.	Ich liebe *den Frühling / die Sonne*.
No soporto el calor.	Ich vertrage die Hitze nicht.
(Pues) a mí no me molesta.	Mir macht es nichts aus.
Anoche hizo un frío que pelaba.	Der Frost war ganz schön knackig letzte Nacht.
Ayer no paró de llover.	Gestern hat es nur geschüttet.
Mejor / Peor imposible.	*Besser / Schlimmer* könnte es nicht sein.
¡Qué bochorno! ¡Dan ganas de quedarse todo el día en casa!	Was für eine schwüle Hitze! Am liebsten würde man den ganzen Tag zu Hause bleiben!
¿Cómo es la predicción del tiempo?	Wie ist die Wettervorhersage?
Dicen que será un día (en su mayor parte) *despejado / lluvioso / nublado / soleado*.	Es soll (weitgehend) *trocken / nass / wolkig / sonnig* sein.
Han dicho que nevará.	Sie haben Schnee vorhergesagt.
Dicen que el tiempo va a *empeorar / mejorar*.	Es soll *schlechter / besser* werden.
Dicen que van a *aumentar / bajar* las temperaturas.	Es soll *wärmer / kälter* werden.
Parece que más tarde va a *escampar / refrescar*.	Es soll sich später *aufhellen / abkühlen*.
Hay seis grados bajo cero.	Es sind minus sechs Grad.
Hay más de 30 grados (de temperatura).	Es sind über 30 Grad.

Für die Beschreibung des Wetters sind im Spanischen die Verben *hacer* und *hay* sehr wichtig:
Hace buen tiempo. Hace sol. Hace frío. Hace calor. Hace viento.
Hay niebla. Hay nieve.

Manchmal bezieht man sich auf einen unbestimmten „Wettermann", wenn man über Wettervorhersagen spricht: *El hombre del tiempo ha dicho que…*

Gut zu wissen!
In sogenannten „Sonnenländern" wird Hitze oft als lästig empfunden. Deshalb gibt es genau so viele Klagen über sonnige wie über verregnete Tage. Regen wird häufig als etwas Positives und Nützliches gesehen. Das ist auch der Grund für den Spruch: *esperar algo como agua de mayo* (etwas ersehnen wie den Mairegen).

C

11 Amabilidades y cumplidos
Nettigkeiten und Komplimente

Mit *que ... + tan / más* + Adjektiv können Eigenschaften hervorgehoben werden.

Es...	Das ist ...
... ♂ bonito / ♀ bonita.	... schön.
... ♂ precioso / ♀ preciosa.	... wunderschön.
... ♂ maravilloso / ♀ maravillosa.	... wunderbar.
... ♂ fantástico / ♀ fantástica.	... fantastisch.
¡Qué flores *tan / más* bonitas!	Was für schöne Blumen!
¡Tienes un aspecto fantástico!	Du siehst fantastisch aus.
¡Qué ♂ guapo / ♀ guapa estás!	Du siehst sehr gut aus.
Ⓛ ¡Qué bien te ves!	Du siehst sehr gut aus.
No has cambiado nada.	Du hast dich überhaupt nicht verändert.
Por ti no pasan los años.	Du siehst so jung aus wie eh und je.
Ese color te sienta de maravilla.	Die Farbe steht dir wirklich gut.
Me encanta lo que llevas.	Dein Outfit ist echt toll.
¡Qué vistas *tan / más* fantásticas!	Was für eine herrliche Aussicht!
Este lugar tiene muy buen ambiente.	Dieser Ort hat eine tolle Atmosphäre.
La silla es supercómoda.	Der Stuhl ist wirklich bequem.
Esto está *delicioso / riquísimo*.	Das ist *köstlich / richtig lecker*.

Eine Eigenschaft kann verstärkt werden, indem man das Wort *super* davor stellt.

Ha sido una *cena / comida* fantástica.	Das war ein tolles *Abend-essen / Essen.*
Hace mucho que no comía tan bien.	Ich habe lange nicht mehr so gut gegessen.
Tienes que darme la receta.	Du musst mir unbedingt das Rezept verraten.
Hablas muy bien alemán.	Dein Deutsch ist wirklich gut.
¿Dónde ha aprendido usted tan bien el español?	Wo haben Sie gelernt, so gut Spanisch zu sprechen?
Ya me gustaría hablar tan bien el español como tú el alemán.	Ich wünschte, ich könnte so gut Spanisch wie du Deutsch.
¡Qué buena idea!	Was für eine gute Idee!
¡Qué regalo *tan / más* original!	Was für ein originelles Geschenk.
¡Siempre he querido tener algo así!	So etwas habe ich mir schon immer gewünscht!
¡Pero si no era necesario!	Das wäre wirklich nicht nötig gewesen!
¡Pero por qué te has molestado!	Du hättest dir nicht solche Mühe machen sollen!
¡Qué *amable / servicial* es usted!	Sie sind so *freundlich / hilfsbereit.*
No sé qué habría hecho sin ti.	Ich weiß nicht, was ich ohne dich gemacht hätte.
Me ha ayudado usted mucho.	Sie waren mir eine große Hilfe.
Muchas gracias por haberme dedicado tanto tiempo.	Danke, dass Sie sich so viel Zeit für mich genommen haben.

Beim Essen fordern die Gastgeber die Gäste üblicherweise mehrmals auf, doch noch einmal zuzugreifen. Sie können mit einem Kompliment freundlich ablehnen, z. B. *Está delicioso, pero no puedo más.* (Es ist köstlich, aber ich kann nicht mehr.)

Gut zu wissen!
Spanier und Lateinamerikaner reagieren auf ein Kompliment gern mit einer bescheidenen Bemerkung:
Me ha costado muy barato. – Es war sehr preiswert.
Sí pero es un poco ruidoso (el piso) – Ja, aber sie (die Wohnung) ist etwas laut.
¡Todo maquillaje! – Alles Schminke.

C

Miteinander ins Gespräch kommen

12 Flirteando
Flirten

Das Klischee vom spanischen Mann, der im Umgang mit Frauen besonders galant oder sogar draufgängerisch ist, stimmt nicht unbedingt mit der Wirklichkeit überein. Das Flirten unterscheidet sich nicht allzu sehr von anderen europäischen Ländern.

No nos conocemos, ¿verdad?	Wir kennen uns noch nicht, oder?
No te había visto nunca por aquí.	Ich hab dich hier noch nie gesehen.
¿Es la primera vez que vienes?	Bist du zum ersten Mal hier?
¿Eres ♂ nuevo / ♀ nueva aquí?	Bist du neu hier?
¿Le importa si me siento *con usted / a su lado*?	Haben Sie etwas dagegen, wenn ich mich zu Ihnen setze?
¿Está usted ♂ solo / ♀ sola aquí?	Sind Sie allein hier?
Te he visto y me he dicho: Tengo que decirle "Hola".	Ich habe dich gesehen und mir gesagt: Ich muss einfach „Hallo" zu *ihm / ihr* sagen.
Tiene usted una sonrisa preciosa.	Sie haben ein wunderschönes Lächeln.
Tiene usted unos ojos preciosos.	Sie haben wunderschöne Augen.
Tiene usted una risa que contagia.	Sie haben eine so ansteckende Art zu lachen.
¡Me encanta esta canción! ¿Vienes a bailar?	Ich liebe dieses Lied! Kommst du tanzen?
Creo que nunca había conocido a nadie que…	Ich glaube, ich bin noch nie jemandem begegnet, der …
Me muero por saber *qué / dónde / cuándo / por qué…*	Ich würde zu gern wissen, *was / wo / wann / warum …*

¿Qué cosas te *gustan / interesan*?	Für was interessierst du dich?
¿Qué tipo de música te gusta?	Welche Art von Musik magst du?
¿Sabes dónde se puede ir de marcha por aquí?	Weißt du, wo man hier gut ausgehen kann?
¿A ti qué te apetecería hacer?	Worauf hättest du Lust?
¿Me permite ♂ invitarlo / ♀ invitarla a una copa?	Darf ich Sie auf einen Drink einladen?
¿Ya quiere *marcharse / irse*?	Sie wollen schon gehen?
¿Ya *se marcha / se va*?	Sie gehen schon?
Yo también estaba a punto de irme.	Ich wollte auch gerade gehen.
Voy en la misma dirección.	Ich gehe in dieselbe Richtung.
Me encantaría volver a verte.	Ich würde dich sehr gern wieder sehen.
¿Qué te parece si un día vamos a cenar? ¿Mañana, por ejemplo?	Sollen wir mal abends zusammen essen gehen, morgen vielleicht?
¿Te apetecería ir a ver esa nueva película…?	Hättest du Lust, diesen neuen Film zu sehen …?
Te doy mi número y me llamas, ¿vale? ¿Me das también el tuyo?	Ich gebe dir meine Nummer, dann kannst du mich anrufen, o.k.? Kann ich auch deine haben?
¿Quieres que pase a recogerte?	Soll ich dich abholen?

Ir de marcha ist Umgangssprache und heißt soviel wie: ausgehen, etwas trinken oder tanzen gehen. Ein Stadtteil mit vielen Bars und Diskotheken heißt *zona de marcha*.

In der Umgangssprache wird *la película* gern zu *la peli* verkürzt.

Gut zu wissen!
In Spanien und Lateinamerika werden gern Komplimente ausgetauscht. Oft ist es nur ein harmloses Spiel, eher ein weiteres Mittel zur Kommunikation. Komplimente fallen leicht, werden aber auch meistens nicht sehr ernst genommen. Frauen und Männer reagieren darauf oft mit Humor und Witz, selten werden sie als aufdringlich empfunden.

13 Hablar del trabajo
Über den Beruf sprechen

¿A qué se dedica? / *¿Cuál es su profesión?*	Was machen Sie beruflich?
¿En qué trabaja?	Was für eine Arbeit haben Sie?

*ATS = Asistente
Técnico Sanitario*

In der Regel wird
der erlernte oder
studierte Beruf
mit dem Verb *ser*
eingeführt: *Soy
arquitecto*. Wenn
die Tätigkeit als
momentan oder nicht
erlernt angesehen
wird, führt man sie
eher mit *estoy de... /
trabajo de...*
*Soy ingeniero, pero
de momento trabajo
de camarero en un
restaurante.*

Soy ATS.	Ich bin *Krankenpfleger / Krankenschwester*.
Trabajo como *diseñador / diseñadora*.	Ich arbeite als *Designer / Designerin*.
Trabajo en el ramo de la informática.	Ich bin in der Computerbranche.
Trabajo en la industria química.	Ich bin in der Chemieindustrie.
Trabajo en una *compañía de seguros / aseguradora*.	Ich arbeite bei einer Versicherungsgesellschaft.
Trabajo / Estoy en una empresa que se llama…	*Ich arbeite / Ich bin* bei einem Unternehmen namens …
Estoy *en (el) marketing / en (la) contabilidad / en (la) distribución*.	Ich bin *im Marketing / in der Buchhaltung / im Vertrieb*.
Llevo… / Soy responsable de… / Dirijo…	*Ich betreue …/ Ich bin zuständig für … / Ich leite …*
Me encargo de… / Me ocupo de…	Ich kümmere mich um …

*trabajar como =
trabajar de*

Trabajo *como / de* autónomo.	Ich bin selbstständig tätig.
Tengo mi propia empresa.	Ich habe meine eigene Firma.
Trabajo a tiempo *completo / parcial*.	Ich arbeite *Vollzeit / Teilzeit*.
Estoy de baja por ♂ paternidad / ♀ maternidad.	Ich bin in Elternzeit.

Estoy todavía en formación.	Ich bin noch in der Ausbildung.
Estoy haciendo una formación profesional.	Ich mache eine Berufsausbildung.
Estoy haciendo unas prácticas en un estudio de diseño.	Ich mache gerade ein Praktikum bei einem Designstudio.
Estoy haciendo una pasantía en un banco.	Ich mache gerade ein Volontariat bei einer Bank.
He estado seis meses *sin trabajo / en paro.*	Ich war sechs Monate arbeitslos.
Estoy buscando trabajo.	Ich bin auf Arbeitssuche.
Estoy ♂ jubilado / ♀ jubilada.	Ich bin im Ruhestand.
Estoy en casa *con mis hijos / y cuido a mi madre.*	Ich bin zu Hause *bei den Kindern / und pflege meine Mutter.*
¿Le gusta su trabajo?	Mögen Sie Ihre Arbeit?
¿Es una buena empresa?	Ist es eine gute Firma?
Trabajo a gusto allí.	Ich arbeite gern dort.
La verdad es que es muy exigente.	Es fordert mich.
Es un reto.	Es ist eine Herausforderung.
Es muy gratificante.	Es ist sehr befriedigend.
De momento tenemos mucho estrés.	Zurzeit haben wir viel Stress.
Hago muchas horas extras.	Ich mache viele Überstunden.
No paran de hacer reestructuraciones.	Ständig sind sie am Umstrukturieren.
Hoy en día hay que estar agradecido de tener un trabajo.	Heutzutage muss man dankbar sein, überhaupt eine Arbeit zu haben.

Die Bezeichnung *pasantía* ist recht vage und entspricht nur ungefähr dem deutschen Ausbildungsbegriff.

Gut zu wissen!
Es ist in Spanien und in Lateinamerika ein Tabu, mit Freunden oder Kollegen über das Gehalt zu sprechen.

D

Sich näher kennenlernen

14 La familia y la carrera
Familie und Werdegang

Die Staatlichen Gymnasien heißen übrigens *institutos* oder Ⓛ *liceos*, *gimnasio* ist die Sporthalle.

Zu *ESO* siehe Seite 33 unten.

In Spanien gibt es seit 2001 keine Wehrpflicht mehr. Der Ausdruck *el servicio militar* wird oft mit *la mili* abgekürzt.

He nacido y crecido en el este de Alemania.	Ich bin im Osten Deutschlands geboren und aufgewachsen.
Fui a la escuela en Dresde.	Ich bin in Dresden zur Schule gegangen.
La familia se mudó a Múnich.	Ich bin mit meinen Eltern nach München gezogen.
Mis padres *se separaron / se divorciaron* cuando yo tenía cuatro años.	Meine Eltern *haben sich getrennt / ließen sich scheiden*, als ich vier war.
Terminé la escuela con 18 años.	Mit 18 war ich mit der Schule fertig.
Dejé la escuela en 2° *de la ESO / de Bachillerato*.	Ich bin nach der 10. Klasse abgegangen.
Después de la escuela estuve un año en el extranjero.	Nach der Schule war ich ein Jahr im Ausland.
Yo, en vez de la mili, hice el servicio social sustitutorio.	Ich habe statt Wehrdienst Zivildienst gemacht.
Me saqué el título de Asesor Fiscal.	Ich habe einen Abschluss als Steuerberater gemacht.
Después de la formación profesional trabajé dos años en Múnich.	Nach der Berufsausbildung habe ich zwei Jahre in München gearbeitet.
Hice una formación adicional como fisioterapeuta.	Ich habe auf Physiotherapeut(in) umgeschult.
Empecé a trabajar nada más terminar *la carrera / mis estudios*.	Ich fing gleich nach meinem Studium an zu arbeiten.

Cambié de *puesto / trabajo*.	Ich habe die Stelle gewechselt.
No tengo hermanos.	Ich habe keine Geschwister.
Mi hermana mayor vive en los Estados Unidos.	Meine ältere Schwester lebt in den Staaten.
Nos enamoramos. Fue *un amor a primera vista / un flechazo*.	Wir haben uns verliebt. Es war Liebe auf den ersten Blick.
(No) estamos casados.	Wir sind (nicht) verheiratet.
Somos pareja *desde hace seis años / desde el 2012*.	Wir sind *seit sechs Jahren / seit 2012* zusammen.
No queríamos casarnos.	Wir wollten nicht heiraten.
Vivo con *mi compañero / mi compañera*.	Ich lebe mit *meinem Lebenspartner / meiner Lebenspartnerin*.
Me he separado de Ben.	Ich habe mich von Ben getrennt.
Lo hemos dejado. / Nos hemos separado.	Wir haben uns getrennt.
La relación / El matrimonio se disolvió.	*Die Beziehung / Die Ehe* ist auseinandergegangen.
Tuve una especie de crisis de los cuarenta.	Ich hatte eine Art Midlife-Crisis.

Wenn man über Geschwister oder Kinder spricht, verwendet man die männliche Form in der Mehrzahl, wenn beide Geschlechter vorhanden sind: Geschwister – *hermanos*, Brüder – *hermanos*, Schwestern – *hermanas*.

Auch mit dem Wort *la pareja* kann man den Lebenspartner oder die Lebenspartnerin bezeichnen. Dabei ist offen, ob man verheiratet ist oder nicht.

Gut zu wissen!
Das Schulsystem in Spanien ist in drei Stufen eingeteilt: Die *Educación Primaria* (Grundschule) umfasst sechs Jahre, darauf folgen vier Jahre *Educación Secundaria Obligatoria = ESO* (Mittelschule). Diese schließen spanische Schüler meistens mit 16 Jahren ab. Danach endet die Schulpflicht. Nach der *ESO* sind es noch einmal zwei Jahre bis zum *Bachillerato* (Abitur). Oder man entscheidet sich für den berufsbildenden Zweig (*Formación profesional*).

D

Sich näher kennenlernen

Auf die Frage *¿Qué tal?* (Wie geht's?) hört man umgangssprachlich oft die Antwort *Vamos tirando.* (in etwa: Wir wursteln uns so durch.)

Umgangssprachlich nennt man den Kindergarten auch *el kinder.*

Mit *soler* + Infinitiv (pflegen zu) werden Tätigkeiten ausgedrückt, die man gewöhnlich tut.

15 La rutina del día a día
Alltag und Routine

Todo bien. Siempre hay cosas que hacer.	Alles läuft gut. Es ist immer was zu tun.
Siempre estoy bastante ♂ ocupado / ♀ ocupada.	Ich bin immer ziemlich beschäftigt.
Llevo una vida bastante ajetreada.	Ich führe ein ziemlich hektisches Leben.
Tengo mucho estrés.	Ich habe ziemlich viel Stress.
La mayor parte del tiempo tengo (más o menos) todo bajo control.	Die meiste Zeit habe ich alles (mehr oder weniger) unter Kontrolle.
No tengo tiempo para nada.	Ich komme zu gar nichts.
Me levanto / Me despierto muy temprano y me acuesto muy tarde.	*Ich stehe / Ich wache* früh auf und gehe spät ins Bett.
Por la mañana hay mucho ajetreo.	Morgens geht es immer ziemlich hektisch zu.
Me gusta empezar el día con *tranquilidad / tiempo*.	Morgens lasse ich es gern langsam angehen.
Llevo a los niños a la guardería.	Ich bringe die Kinder in den Kindergarten.
Mi trayecto al trabajo es bastante largo.	Ich habe einen langen Arbeitsweg.
Tardo hora y media en llegar al trabajo.	Ich brauche anderthalb Stunden zur Arbeit.
Salgo pronto de casa para evitar el tráfico.	Ich fahre früh von zu Hause los, um den Verkehr zu vermeiden.
El tren suele *estar lleno / llevar retraso*.	Der Zug ist meist *voll / verspätet*.

Suelo almorzar en *la cantina de la empresa / el escritorio / la oficina*.	Ich esse gewöhnlich *in der Kantine / am Schreibtisch / im Büro* zu Mittag.	*comer, almorzar* = zu Mittag essen *cenar* = zu Abend essen
Al mediodía suelo comer una rebanada de pan con mantequilla.	Mittags esse ich meist ein Butterbrot.	
Al mediodía intento salir de la oficina, pero no siempre lo consigo.	Mittags versuche ich aus dem Büro rauszukommen, aber ich schaffe es nicht immer.	
A menudo llego tarde a casa.	Oft komme ich erst spät nach Hause.	
No tengo mucho tiempo para mí.	Ich habe nicht viel Zeit für mich.	
Después *de meter a los niños en la cama / de cenar*…	Nachdem wir *die Kinder ins Bett gebracht / gegessen* haben …	
Muchas veces lo único que hacemos es sentarnos a mirar la tele.	Oft hocken wir uns nur noch vor den Fernseher.	
Igual vemos una película…	Wir sehen uns vielleicht einen Film an…	
Durante la semana no salgo mucho.	Unter der Woche gehe ich nicht oft weg.	
Voy una vez a la semana *al gimnasio / a yoga*.	Ich gehe einmal die Woche *ins Fitness-Studio / zum Yoga*.	
El año pasado me apunté en un grupo para correr.	Ich bin letztes Jahr einer Laufgruppe beigetreten.	*apuntarse en*: sich (für einen Kurs) einschreiben, (einer Gruppe) beitreten
He empezado a bailar salsa.	Ich habe mit Salsatanzen angefangen.	
El sábado toca comprar, hacer las tareas de la casa y todo eso.	Am Samstag steht Einkauf, Haushalt und so weiter an.	

> **Gut zu wissen!**
> Freizeit wird in Spanien und Lateinamerika meistens wirklich zur Muße und Erholung genutzt. Den Begriff „Freizeitstress" gibt es im Spanischen nicht.

D

16 Describir personas
Personen
beschreiben

Das Adjektiv *bonita* wird im Spanischen zur Bezeichnung von Gegenständen und bei Frauen verwendet, nicht jedoch bei Männern. *Una* mujer *bonita. Un paisaje bonito.* Das Adjektiv ♂ *bello,* ♀ *bella* ist eher literarisch.

¿Y cómo es?	Wie ist *er / sie* denn so?
¿Qué aspecto tiene?	Wie sieht *er / sie* aus?
Es *alta / pequeña / de estatura mediana.*	Sie ist *groß / klein / mittelgroß.*
Es *delgado / corpulento.*	Er ist *schlank / kräftig (gebaut).*
Está un poco rellenita.	Sie ist etwas füllig.
Es *guapa / atractiva / bonita / Ⓛ linda.*	Sie ist *gut aussehend / attraktiv / hübsch / schön.*
Es *atractivo / guapo.*	Er ist *attraktiv / gut aussehend.*
Estará entre los 20 y los 30 (años).	*Er / Sie* ist in den Zwanzigern.
Ronda los 25 (años).	*Er / Sie* ist Mitte zwanzig.
Pasa de los 30.	*Er / Sie* ist über 30.
Tiene treinta y pico años.	*Er / Sie* ist irgendwo in den Dreißigern.
Ya está mayorcito.	Er ist nicht mehr der Jüngste.
Ya está mayorcita.	Sie ist nicht mehr die Jüngste.
Ha envejecido bastante.	*Er / Sie* ist ganz schön alt geworden.
Tiene un aspecto muy juvenil.	*Er / Sie* sieht noch sehr jung aus.
Se conserva muy bien.	*Er / Sie* hält sich sehr gut.
Por ella no pasan los años.	Man merkt ihr das Alter überhaupt nicht an.
Tiene (los) ojos *azules / verdes / castaños.*	*Er / Sie* hat *blaue / grüne / braune* Augen.

Tiene el pelo *largo / corto / un poquito largo / liso / rizado / ondulado.*	*Er / Sie* hat *lange / kurze / mittellange / glatte / lockige / gewellte* Haare.
Es rubia.	Sie ist blond.
Es pelirrojo.	Er hat rote Haare.
Tiene el pelo *moreno / castaño / gris.*	*Er / Sie* hat *dunkle / braune / graue* Haare.
Lleva *bigote / barba.*	Er hat einen *Schnurrbart / Bart.*
Va siempre *muy elegante / bien* vestida.	Sie ist immer *sehr elegant / gut* angezogen.
No le da mucha importancia a su aspecto.	Ihm ist sein Aussehen ziemlich egal.
Van siempre vestidos en plan bastante informal.	Sie sind immer ziemlich leger gekleidet.
Su aspecto es un poco descuidado.	Er ist ein wenig ungepflegt.
Es una persona realmente simpática.	*Er / Sie* ist wirklich sympathisch.
Es muy agradable.	*Er / Sie* ist sehr angenehm.
Es un poco ♂ tímido / ♀ tímida.	*Er / Sie* ist etwas schüchtern.
Él es un individualista.	Er ist eher ein Einzelgänger.
Es muy *sociable / abierta.*	Sie ist sehr kontaktfreudig.
Conoce a todo el mundo.	*Er / Sie* kennt Gott und die Welt.
Siempre está en forma.	*Er / Sie* ist immer in Topform.

> **Gut zu wissen!**
> Beim Wortfeld „Kleidung" gibt des viele Unterschiede
> in den spanischsprachigen Ländern. Beispiele:
> Rock: *la falda* (Spanien), *la pollera* (Argentinien)
> Pullover: *el jersey* (Spanien), *el pulóver* (Argentinien),
> el suéter (Zentralamerika).
> T-Shirt: *la camiseta* (Spanien), *la remera* (Argentinien,
> Uruguay).

E

**Einladungen
und
Verabredungen**

Das Verb *quedar* hat im Spanischen mehrere Bedeutungen:

• *quedar* (sich verabreden): siehe Beispiele in der Lektion

• *quedarse* (bleiben): *Me quedo en casa.* (Ich bleibe zu Hause.)

• *quedar* (übrigbleiben): *Quedan dos huevos en la nevera.* (Es sind noch zwei Eier im Kühlschrank.)

• *quedar* drückt auch eine Reaktion oder ein Resultat aus: *Se quedó de piedra.* (Er war wie versteinert.)

Im Spanischen heißt „Geburtstag haben" *cumplir años* (wörtlich: Jahre vervollständigen). Deshalb sagt man zum Beispiel: *El martes cumplo 30 años.* (Am Dienstag werde ich 30.)

17 Invitaciones
Einladungen

¿Tienes algo que hacer *esta tarde / mañana*?	Hast du *heute Abend / morgen* schon etwas vor?
¿Tienes ya algún plan para el fin de semana?	Hast du am Wochenende schon etwas vor?
La próxima semana estaré en la ciudad y quería preguntarte si te apetece quedar.	Ich bin nächste Woche in der Stadt und wollte fragen, ob wir uns treffen könnten.
¿Qué te parece si quedamos algún día para cenar?	Wie wäre es, wenn wir abends mal zusammen essen?
¿Le gustaría ir a tomar algo?	Möchten Sie etwas trinken gehen?
Queremos hacer una barbacoa.	Wir wollen grillen.
¿Te quieres venir?	Willst du mitkommen?
Hemos invitado a un par de personas a tomar una copa con nosotros.	Wir haben ein paar Leute auf einen Drink eingeladen.
Vamos a hacer una fiesta.	Wir feiern eine Party.
¿Y cuál es el motivo?	Was ist der Anlass?
Nada especial.	Nichts Besonderes.
Es mi cumpleaños.	Ich habe Geburtstag.
Celebramos nuestro aniversario de boda.	Wir feiern unseren Hochzeitstag.
Será un placer contar con su presencia.	Sie sind herzlich willkommen.
Puedes pasarte (por casa) cuando quieras.	Du kannst jederzeit vorbeischauen.

Sería estupendo que vinieras.	Es wäre toll, wenn du kommen könntest.
Nos daría una gran alegría *que / si* pudiera venir.	Es würde uns sehr freuen, wenn Sie kommen könnten.
Muy amable por su parte.	Das ist sehr nett von Ihnen.
Con mucho gusto.	Sehr gerne.
♂ Encantado. / ♀ Encantada.	Sehr gerne.
¡Qué idea tan bonita!	Was für eine nette Idee!
Sería *fantástico / estupendo.*	Das wäre *toll / super.*
Me encantaría, pero es que…	Ich würde liebend gern, aber …
Lo siento, pero es que no tengo tiempo.	Ich habe leider keine Zeit.
Tengo que *mirar en mi agenda / consultarlo con mi mujer.*	Ich muss mal *in meinem Kalender nachsehen / bei meiner Frau nachfragen.*
Me parece que *(en) ese día / a esa hora* ya tenemos otro compromiso.	Ich glaube, wir haben *an dem Tag / zu dieser Uhrzeit* schon etwas vor.
Estamos de viaje.	Wir sind verreist.
Estoy ocupado.	Ich bin beschäftigt.
Tengo un compromiso.	Ich habe bereits eine andere *Verpflichtung / Verabredung.*
¡Qué pena!	Schade.
¿Y qué tal el domingo?	Wie wäre es stattdessen mit Sonntag?
(Pues) otra vez será.	Vielleicht ein anderes Mal.
Vale, no hay problema.	O.K., kein Problem.

Bei Absagen wird im Spanischen meistens eine Erklärung genannt. Sie wird in der Regel mit *es que* eingeführt, das heißt soviel wie „nämlich".

> **Gut zu wissen!**
> Die Einladung *Pásate por casa cuando quieras.* (Schau doch mal irgendwann vorbei.) ist in Spanien und Lateinamerika mit Vorsicht zu genießen. Oft wird sie nur aus Freundlichkeit ausgesprochen. Erst wenn die Einladung konkret wird (Tag, Uhrzeit, usw.), sollte man sie ernst nehmen.

E

Einladungen und Verabredungen

18 ¿Cuándo y dónde?
Wann und wo?

¿Qué día quedamos?	An welchem Tag treffen wir uns?
¿A qué hora?	Zu welcher Uhrzeit?
¿Cuándo le vendría mejor?	Wann würde es Ihnen am besten passen?
¿Te va bien a las ocho?	Passt es dir um acht Uhr?
¿A qué hora le iría bien?	Welche Zeit wäre für Sie in Ordnung?
¿Qué tal a las ocho?	Wie wäre es um acht?
¿Las ocho de la mañana o de la tarde?	Acht Uhr morgens oder acht Uhr abends?
A las tres de la tarde.	Drei Uhr nachmittags.
A las siete *y / menos* cuarto.	Um Viertel *nach / vor* sieben.
Sobre / A eso de las seis.	Gegen sechs.
Un poco *antes / después* de las ocho.	Kurz *vor / nach* acht.
Alrededor de las ocho.	So um acht Uhr herum.
A las diecinueve treinta.	Um 19.30 Uhr.
A las siete y media.	Um halb acht.
¿Qué le vendría mejor a usted?	Was würde Ihnen am besten passen?
Elija / Decida usted.	*Wählen / Entscheiden* Sie.
(A mí) me da *igual / lo mismo.*	Mir ist es *gleich / egal*.
Como / Cuando quieras.	*Wie / Wann* du willst.
Lo siento, pero a esa hora no puedo.	Tut mir leid, das schaffe ich leider nicht.

Ein eigenes Wort für „Abend" gibt es im Spanischen nicht. Der Begriff *tarde* (Nachmittag, Spätnachmittag, Abend) reicht bis ungefähr 22 Uhr.

Bei der digitalen Uhrzeit in Bahnhöfen oder Flughäfen werden einfach die Zahlen gelesen, ohne Verbindungswort zwischen Stunden- und Minutenzahl.

¿(Y) qué tal 15 minutos *antes / más tarde*?	Ginge eine Viertelstunde *früher / später*?
Eso es un poco justo. / Eso me va un poco justo.	Das wird ein bisschen knapp.
Preferiría un poquito más tarde.	Mir wäre es etwas später lieber.
¿Te va bien?	Passt es dir?
No me va bien, mejor a las…	Es passt mir nicht so gut, besser um …
¿Quiere que le pase *a buscar / recoger*?	Soll ich Sie abholen kommen?
¿Dónde quiere que nos encontremos?	Wo schlagen Sie vor, dass wir uns treffen?
Vale, entonces el domingo a las ocho y cuarto delante de la estación.	Gut, dann also am Sonntag um 8. 15 Uhr vor dem Bahnhof.
Entonces, para confirmar: a las siete en su hotel, ¿no?	Um das kurz zu bestätigen, 19 Uhr bei Ihrem Hotel, nicht wahr?
Le / Te enviaré un mensaje.	Ich schicke *Ihnen / dir* eine SMS.
Deme un toque por teléfono.	Rufen Sie einfach kurz an.
Dame un toque.	Klingle kurz durch.
¿Me da su número por si acaso?	Geben Sie mir Ihre Nummer für alle Fälle?
Vale.	Gut.
Eso suena perfecto.	Das klingt sehr gut.
¡Estupendo, me alegro!	Super, ich freue mich darauf!

Wenn man sich verabredet hat, werden die Daten zur Bestätigung wiederholt. Diese Wiederholung wird mit *entonces* eingeleitet.

Gut zu wissen!
Die Essenszeiten in Spanien sind im Vergleich zu den deutschsprachigen Ländern etwas nach hinten verschoben: das Mittagessen findet ca. um 14 Uhr und das Abendessen um 21 Uhr statt (daher ist für Spanier „mittags" erst um 14 Uhr). In Lateinamerika gleichen die Essenszeiten eher den deutschsprachigen Ländern.

19 Estar invitado
Zu Gast sein

Aufforderungen im
Imperativ werden
gern wiederholt,
um sie freundlicher
klingen zu lassen.

Hola, me alegro de verle.	Hallo, schön Sie zu sehen.
Pase, pase.	Kommen Sie doch herein.
¡No se quede fuera, con el frío que hace!	Kommen Sie doch herein bei der Kälte.
¿Ha encontrado bien la dirección?	Haben Sie gut zu uns gefunden?
Llegamos un poquito tarde, lo siento.	Es tut mir leid, dass wir uns ein bisschen verspätet haben.
Es que ha habido un problema en el metro.	Es gab ein Problem mit der U-Bahn.
Hemos tenido que esperar 20 minutos el *autobús / tren*.	Wir mussten zwanzig Minuten auf den *Bus / Zug* warten.
¿Me permite el abrigo?	Darf ich Ihnen den Mantel abnehmen?
Deja tus cosas encima de la silla.	Lass deine Sachen einfach auf dem Stuhl.
Por cierto, el baño está…	*Das Bad / Die Toilette* ist übrigens …
… aquí *a la izquierda / derecha*.	… hier *links / rechts*.
… subiendo la escalera a mano *izquierda / derecha*.	… die Treppe hoch und *links / rechts*.
Les hemos traido *una cosilla / un pequeño detalle*.	Wir haben Ihnen eine *Kleinigkeit / kleine Aufmerksamkeit* mitgebracht.
Hemos traido una botellita de vino.	Wir haben eine Flasche Wein mitgebracht.

In Spanien oder
Lateinamerika ist es
bei Einladungen auch
üblich, Blumen, Wein
oder Süßes mitzu-
bringen. Seltener
sind Einladungen,
zu denen jeder Gast
auch etwas zum
Essen mitbringt.

Muchas gracias, pero no era necesario, de verdad.	Danke sehr, das wäre aber wirklich nicht nötig gewesen.
¿Por qué os habéis molestado?	Warum habt ihr euch solche Umstände gemacht?
Acompáñeme.	Folgen Sie mir.
Por aquí.	Hier entlang.
Siéntese, siéntese.	Nehmen Sie doch Platz.
Siéntate donde quieras.	Such dir einfach ein Plätzchen.
Siéntase como en su casa.	Fühlen Sie sich wie zu Hause.
¿Qué quieres beber?	Was möchtest du trinken?
Por favor, sírvase usted mismo.	Bitte bedienen Sie sich.
Sírvete tú mismo algo para beber.	Nimm dir doch was zu trinken.
¿Puedo ofrecerle / Le traigo algo para beber?	Kann ich Ihnen etwas zu trinken *anbieten / holen*?
Yo tomaré un poquito de vino tinto.	Ich nehme bitte etwas Rotwein.
Mejor (que) no, tengo que conducir.	Lieber nicht, ich fahre.
Algo sin alcohol, por favor.	Etwas ohne Alkohol, bitte.
Está *buenísimo / riquísimo*.	Es ist sehr lecker.
Estaba delicioso.	Es war köstlich.
No gracias, no puedo más, de verdad.	Vielen Dank, aber ich kann wirklich nicht mehr.
¿Me pone un poco más de ensalada?	Können Sie mir noch ein wenig Salat geben?
¿Me pasas el pan, por favor?	Reichst du mir bitte das Brot?

> **Gut zu wissen!**
> Wenn man Blumen mitbringt, wählt man üblicherweise eine ungerade Zahl. Weiße Lilien, Chrysanthemen oder Dahlien sollte man lieber vermeiden, sie gelten als Friedhofsblumen.

„Danke" kann auf Deutsch auch „nein danke" bedeuten. Im Spanischen sollte man jedoch immer *no gracias* antworten, wenn man etwas ablehnen möchte. Andernfalls könnte es als Zustimmung verstanden werden.

E

20 Despedirse adecuadamente
Der passende Abschied

Nach einem Essen im Restaurant verabschiedet man sich das erste Mal oft schon am Tisch. Danach plaudert man aber gern noch einige Zeit auf der Straße, um sich dann erneut zu verabschieden.

¡Anda! ¿Ya son las doce?	O je, ist es schon zwölf?
¡Pero qué rápido se ha pasado el tiempo!	Mensch, die Zeit ist aber schnell vergangen!
¡No puede ser tan tarde ya!	Es kann doch nicht schon so spät sein?
Ya va siendo hora…	Es wird Zeit, …
… de despedirme.	… dass ich mich verabschiede.
… *de que me vaya (a casa) / de irme (a casa)*.	… dass ich mich *auf den Weg mache / aufmache*.
Tengo que irme.	Ich muss jetzt gehen.
Mañana tengo que levantarme temprano.	Morgen muss ich früh raus.
Tenemos un buen trecho (hasta casa).	Wir haben es ziemlich weit (bis nach Hause).
Tengo que volver porque…	Ich muss zurück, weil …
Thomas no se siente muy bien.	Thomas geht es nicht gut.
A Raquel le duele un poquito la cabeza.	Raquel hat etwas Kopfschmerzen.
¿Alguien quiere que le lleve en el coche?	Kann ich (noch) jemanden mitnehmen?
No te molestes, no hace falta que nos acompañes.	Bemüh dich nicht, wir finden schon selber raus.
¿Ya se *marchan / van*?	Gehen Sie schon?
¿Ya os vais?	Geht ihr schon?
¡Qué pena!	Das ist aber schade.

Tienes que volver pronto otra vez.	Du musst bald wieder kommen.
Me ha alegrado mucho que pudieran venir.	Ich freue mich sehr, dass Sie kommen konnten.
Me ha alegrado mucho que vinieras.	Es war schön, dass du da warst.
Tenemos que repetirlo.	Das müssen wir wieder machen.
¡Venga, una última copita!	Kann ich Sie noch zu einem letzten Glas überreden?
¿Qué tal una última copita?	Noch ein letztes Schlückchen?
No gracias, muy amable, he tenido ya suficiente.	Nein, sehr freundlich, ich hatte wirklich schon genug.
Pues ya que me lo pide así, no le diré que no.	Wenn Sie mich so fragen, kann ich wirklich nicht nein sagen.
Nos lo hemos pasado en grande.	Wir haben uns prächtig amüsiert.
Ha sido fantástico.	Es war einfach super.
Muchas gracias por la fantástica velada. Ha sido estupenda, de verdad.	Danke für den wunderbaren Abend. Es war wirklich toll.
La comida estaba excelente.	Das Essen war köstlich.
Tiene que darme la receta.	Sie müssen mir das Rezept geben.
La próxima vez tiene que venir a nuestra casa.	Das nächste Mal müssen Sie zu uns kommen.
La próxima vez en nuestra casa, ¿vale?	Das nächste Mal bei uns, o.k.?

Zum Abschied ist es üblich, jedem Anwesenden die Hand zu geben oder sich mit zwei Wangenküssen zu verabschieden.

> **Gut zu wissen!**
> In Spanien und Lateinamerika dauern Verabschiedungen lange. Man will zeigen, dass man sich in der Runde wohl fühlt. Deshalb werden Abschiede schon lange (etwa eine Stunde) vorher angekündigt.

21 Buenas noticias y felicitaciones
Gute Nachrichten und Glückwünsche

Traigo buenas noticias.	Ich habe gute Nachrichten.
Tengo una buena noticia que darte.	Ich habe eine gute Nachricht für dich.
Tengo que contarte algo.	Ich muss dir was erzählen.
¿Has oído lo que ha pasado?	Hast du schon gehört, was passiert ist?
He tenido realmente suerte.	Ich habe wirklich Glück gehabt.
Tengo unas ganas locas de contártelo.	Ich kann kaum erwarten, es dir zu erzählen.
Me han dado *el puesto / la plaza / el trabajo*.	Ich habe die Stelle bekommen.
Me han ascendido.	Ich bin befördert worden.
He recibido *un aumento de sueldo / una gratificación*.	Ich habe eine *Gehalts- erhöhung / Prämie* bekommen.
He aprobado el examen.	Ich habe meine Prüfung bestanden.
He conocido a alguien.	Ich habe jemanden kennengelernt.
Carlos y yo nos vamos a vivir juntos.	Carlos und ich ziehen zusammen.
Nos hemos prometido.	Wir haben uns verlobt.
Nos casamos.	Wir heiraten.
Vamos a tener un niño.	Wir erwarten ein Kind.
No te imaginas lo feliz que soy.	Ich kann dir gar nicht sagen, wie glücklich ich bin.
No te imaginas lo ♂ con- tento / ♀ contenta que estoy.	Ich kann dir gar nicht sagen, wie froh ich bin.

Das Verb „heiraten" ist im Spanischen reflexiv: *casarse*.

No te imaginas el peso que se me ha quitado de encima.	Ich kann dir gar nicht sagen, wie erleichtert ich bin.
Por fin se ha *hecho realidad / cumplido* mi sueño.	Mein Traum ist endlich wahr geworden.
¡Eso sí que son buenas noticias!	Was für tolle Nachrichten!
¡Enhorabuena!	Herzlichen Glückwunsch!
¡Bien hecho! / ¡Así se hace!	Gut gemacht!
¡Me alegro un montón (por ti)!	Ich freue mich so (für dich).
Eso son noticias *estupendas / maravillosas.*	Das sind ja *großartige / wunderbare* Nachrichten.
Felicidades de todo corazón.	Ganz herzliche Glückwünsche.
Sé cuánto significa esto para ti.	Ich weiß, wie viel dir das bedeutet.
¡Mucha suerte!	Viel Glück!
Le deseo que tenga mucho éxito.	Ich wünsche Ihnen viel Erfolg.
¡Que *te / le* vaya muy bien!	Alles Gute *für dich / für Sie*!
¡Felicidades por tu *cumpleaños / santo*!	Herzlichen Glückwunsch zum *Geburtstag / Namenstag*!
¡Feliz *aniversario / aniversario de boda*!	Herzlichen Glückwunsch zum *Jubiläum / Hochzeitstag*!
¡Muchas felicidades!	Herzlichen Glückwunsch!
¡Feliz Navidad!	Frohe Weihnachten!
¡Feliz / Próspero Año Nuevo!	Ein *gutes / erfolgreiches* neues Jahr!
¡Felices Pascuas!	Frohe Ostern!

Bei guten Nachrichten im Allgemeinen reagiert man mit: *Enhorabuena.* Bei Hochzeiten und Geburtstagen sagt man: *Felicidades.*

Übrigens: Im Spanischen sagt man nicht: „Ich habe Geburtstag", sondern immer „Es ist mein Geburtstag": *Es mi cumpleaños.*

Gut zu wissen!
Viele (Glück)Wünsche werden im Spanischen mit *Que* + Verb im *Subjuntivo* eingeleitet: *¡Que tengas suerte!* (Viel Glück!) *¡Que seas muy feliz!* (wörtlich in etwa: [Ich wünsche dir,] dass du sehr glücklich bist!) *¡Que tengas un buen viaje!* (Gute Reise!)

22 Malas noticias y expresar afecto
Schlechte Nachrichten und Anteilnahme

Tengo *malas / tristes* noticias.	Ich habe *schlechte / traurige* Nachrichten.
Ha ocurrido algo *terrible / horrible.*	Etwas Schreckliches ist passiert.
Lo que le voy a contar ahora…	Das, was ich Ihnen gleich sagen werde, …
…es algo (muy) *serio / triste / duro.*	…, ist (sehr) *ernst / traurig / hart.*
…le va a *enfadar / decepcionar.*	… wird Sie *verärgern / enttäuschen.*
No sé cómo decírselo, pero…	Ich weiß kaum, wie ich es sagen soll, aber …
No le va a *gustar / hacer mucha gracia,* pero…	Es wird Ihnen nicht gefallen, aber …
Ha ocurrido lo peor.	Das Allerschlimmste ist eingetreten.
¡Que lío!	Was für ein Durcheinander!
Sara ha sufrido un accidente.	Sara hatte einen Unfall.
Renaldo está en el hospital.	Renaldo liegt im Krankenhaus.
Tobias tiene cáncer.	Tobias hat Krebs.
Se ha muerto Miguel.	Miguel ist tot.
Ha muerto repentinamente de un infarto.	Er ist plötzlich an einem Herzinfarkt gestorben.
Han asaltado a Amparo.	Amparo ist überfallen worden.
Me han despedido.	Ich bin entlassen worden.
¡No me digas! / ¡Madre mía!	*(O) Nein! / O je!*

Umgangssprachlich sagt man auch *¡Menudo marrón!* (in etwa: Was für ein Ärger!), wenn man in eine unangenehme oder lästige Situation verwickelt wird.

Hay cosas peores.	Es gibt Schlimmeres.
Podría haber sido peor.	Es hätte schlimmer kommen können.
No dejes que eso te hunda. / No te desanimes por eso.	Lass dich davon nicht unterkriegen.
Lo siento muchísimo, de verdad.	Es tut mir aufrichtig leid.
Eso es *horrible / terrible*.	Das ist ja *schrecklich / fürchterlich*.
Tienes que estar pasándolo muy mal, ¡pobre!	Das muss für dich gerade die Hölle sein, du *Armer / Arme*!
Tiene que estar pasando por unos momentos durísimos.	Es muss eine sehr schwere Zeit für Sie sein.
¿Hay algo que yo pueda hacer?	Gibt es irgendetwas, was ich tun kann?
Si necesitas cualquier cosa, dímelo, por favor…	Wenn du irgendwas brauchst, bitte sag es mir …
Pienso en tí en estos momentos tan duros.	Ich denke an dich in dieser schwierigen Zeit.
Te mandamos un fuerte abrazo.	Wir senden dir ganz liebe Grüße.
¡Que te mejores!	Gute Besserung!
Dile a Simón de mi parte que se mejore pronto.	Bestell Simón von mir die besten Wünsche für eine schnelle Genesung.
Mi (más sincero) pésame.	Mein (aufrichtiges) Beileid.
Le acompaño en el sentimiento.	Mein herzliches Beileid.
Quisiera expresarle mi más sincero pésame (por la muerte de…)	Ich möchte Ihnen mein herzliches Beileid ausdrücken (zum Tod …)

Diese Beileidsbekundungen werden bei förmlichen Anlässen gebraucht. Bei Familienangehörigen oder Bekannten verwendet man eher eine persönlichere Ansprache.

> **Gut zu wissen!**
> Bei Anteilnahme und Beileid ist durchaus ein menschlicher Kontakt (eine Umarmung oder Küsse auf die Wangen) angebracht, wenn man die Angehörigen persönlich kennt. Wenn nicht, reicht ein Händedruck.

23 Anécdotas divertidas y chistes
Lustige Anekdoten und Witze

¿Te he contado alguna vez lo que me pasó en Bogotá?	Habe ich dir jemals erzählt, was mir in Bogotá passiert ist?
Me ha pasado algo rarísimo.	Mir ist etwas ganz Verrücktes passiert.
Eso me recuerda a algo que me pasó una vez.	Das erinnert mich an etwas, das mir mal passiert ist.
No te lo vas a creer.	Das glaubst du nie.
Pues no te pierdas lo que pasó después.	Warte, bis du hörst, was als Nächstes passiert ist.
Te / Os juro que es verdad.	Aber ich schwöre *dir / euch*, es ist wahr.
Al principio / Primero…	*Am Anfang / Zuerst …*
Después / Luego…	Danach …
Entonces…	Dann …
Sea como sea / De todas formas…	Jedenfalls …
Finalmente / Total, que…	Schließlich …
Y así terminó la cosa.	Und so ist die Sache ausgegangen.
Y sanseacabó.	Und das war's dann.
No me lo podía creer.	Ich konnte es einfach nicht glauben.
Estaba tan sorprendido que…	Ich war so überrascht, dass …
Fue una *casualidad / coincidencia* increíble.	Es war ein unglaublicher Zufall.

Es gibt zwei Grundbedeutungen von *entonces*:
- *entonces* leitet eine Schlussfolgerung oder Folgemaßnahme ein (entspricht in etwa dem deutschen „also").
- *entonces* leitet eine Handlung ein, die unmittelbar nach einer anderen folgt (entspricht dem deutschen „dann").

No sabía qué decir.	Ich wusste nicht, was ich sagen sollte.
Me quedé de piedra.	Ich war völlig baff.
Era para morirse de (la) risa.	Es war zum Brüllen.
Nos dio un ataque de risa.	Wir bekamen einen Lachanfall.
Me salían (las) lágrimas de tanto reír.	Ich musste vor Lachen weinen.
Fue tan divertido.	Es war so lustig.
¿Conoce el chiste de…?	Kennen Sie den Witz über …?
Este seguro que no lo conoce…	Ich wette, Sie haben diesen noch nicht gehört.
Bueno, pues va así…	Nun, er geht so: …
¿Lo has entendido?	Hast du ihn [den Witz] verstanden?
A veces soy un poco lento de entendederas.	Manchmal bin ich im Kopf etwas langsam.
Vale, ahora lo he entendido.	Ach, jetzt hab ich's verstanden.
¿De verdad dijo eso? No te creo.	Hat er das wirklich gesagt? Ich glaube dir nicht.
¿Me estás tomando el pelo?	Nimmst du mich auf den Arm?
Es buenísimo.	Der ist echt gut.
(Me) lo tengo que memorizar.	Den muss ich mir merken.
A mí los chistes siempre se me olvidan.	Ich kann mir Witze ganz schlecht merken.

Den Spaniern ist nichts heilig, wenn es um Witze geht, weder Politik noch gesellschaftliche Normen oder Religion. In einer Witze-Runde ist man in einer anarchischen Zone, in der man nichts ernst nehmen darf.

> **Gut zu wissen!**
> In Spanien oder Lateinamerika werden oft nach dem Essen und Trinken in geselliger Runde Witze erzählt. Dabei kann es auch schon mal etwas derb und unanständig werden. Die unanständigen Witze heißen auf Spanisch *chistes verdes*.

24 Malas experiencias
Schlechte Erfahrungen

Will der Sprecher eine Gesamtbewertung eines vergangenen Erlebnisses machen, setzt er das Verb ins *Indefinido*.

Era / Fue uno de esos días en los que todo sale mal.	Das war so ein Tag, an dem einfach alles schiefgeht.
Nunca había hecho un viaje tan *horrible / catastrófico*.	Ich hatte noch nie so eine *schreckliche / furchtbare* Reise.
Tuvimos realmente mala suerte.	Wir hatten wirklich Pech.
Todo salió mal.	Alles ging schief.
Fue una catástrofe desde el principio hasta el fin(al).	Es war eine Katastrophe von Anfang bis Ende.
Nos retrasamos.	Wir haben uns verspätet.
El vuelo fue anulado.	Der Flug wurde annulliert.
Perdimos el vuelo de conexión.	Wir haben unseren Anschlussflug verpasst.
Nos quedamos colgados.	Wir hingen fest.
La calefacción / El aire acondicionado no funcionaba.	Die *Heizung / Klimaanlage* funktionierte nicht.
Nos perdimos.	Wir haben uns *verirrt / verfahren.*
Se fue la luz.	Es gab einen Stromausfall.
Nos quedamos sin Internet.	Das Internet fiel aus.
Había una huelga.	Es wurde gestreikt.
Perdí *el monedero / la cartera*.	Ich habe *meinen Geldbeutel / meine Brieftasche* verloren.
Perdí mis llaves.	Ich habe meine Schlüssel verloren.
El coche se quedó parado.	Das Auto blieb stehen.
Tuvimos una avería.	Wir hatten eine Panne.

El monedero: Geldbeutel für Frauen. *La cartera*: Brieftasche für Männer.

Nos quedamos parados en un atasco.	Wir hingen im Stau fest.
El tren *tenía / llevaba* un retraso de 50 minutos.	Der Zug hatte 50 Minuten Verspätung.
No había nadie para recogernos.	Es war keiner da, um uns abzuholen.
Me sentí como ♂ un tonto / ♀ una tonta.	Ich kam mir so blöd vor.
Yo tenía la culpa.	Ich war schuld.
Yo no había tenido la culpa.	Ich war überhaupt nicht schuld.
Lo intenté todo, pero no sirvió de nada.	Ich habe alles versucht, aber es war alles umsonst.
Fue una catástrofe.	Es war ein einziges Fiasko.
No nos ayudaron nada.	Sie waren absolut nicht hilfsbereit.
Nadie sabía nada.	Keiner wusste was.
Les daba completamente igual.	Es war ihnen völlig egal.
Estaba tan...	Ich war so ...
... ♂ enfadado / ♀ enfadada.	... verärgert.
... ♂ cabreado / ♀ cabreada.	... sauer.
Estábamos *cansadísimos / hechos polvo.*	Wir waren *erschöpft / total k.o.*
Estábamos tan contentos de que por fin hubiera pasado todo.	Wir waren so froh, dass es endlich vorbei war.

Wenn man nicht direkt sagen möchte, dass man etwas selbst verschuldet hat, benutzt man gern die unpersönliche Form: *Se me ha olvidado.* (Es ist mir entgangen.) statt *Lo he olvidado.* (Ich habe es vergessen.)

Gut zu wissen!
Zur Erinnerung: Wenn Sie ein Ereignis in der Vergangenheit lediglich erwähnen wollen, setzen Sie das Verb ins *Indefinido: El tren **llegó** con retraso*. (Der Zug kam mit Verspätung an.) Wenn Sie jedoch eine beschreibende Sicht auf das Geschehen haben, wählen Sie das *Imperfecto: El tren **llevaba** retraso*. (Der Zug hatte Verspätung.)

G

Gefühle und Emotionen

Interesse und Desinteresse bekunden

Das Verb *encantar* (entzücken, erfreuen) kann nicht mit dem Adverb *mucho* verstärkt werden: *Me encanta ~~mucho~~ el helado.*

Me encanta la montaña.	Ich liebe die Berge.
Me gusta el senderismo.	Ich wandere gern.
Me encanta el helado.	Ich liebe Eis(creme).
No puedo *decir no / resistirme* al chocolate.	Schokolade kann ich einfach nicht widerstehen.
Me interesa la historia.	Ich interessiere mich für Geschichte.
Me gustan los animales.	Ich mag Tiere.
Martín es aficionado al teatro.	Martín ist Theaterfan.
¿Te gusta el fútbol?	Magst du Fußball?
Soy un gran aficionado al cine italiano.	Ich bin ein großer Fan italienischer Filme.
Simón es un *forofo / fanático* del golf.	Simón ist begeisterter Golfer.
Ramón es un fanático de la informática.	Ramón ist ein Computerfreak.
Me encanta todo lo que tenga que ver con el flamenco.	Ich bin verrückt nach allem, was mit dem Flamenco zu tun hat.
El deporte no me interesa mucho, en realidad.	Ich mache mir eigentlich nichts aus Sport.
No me gustan los programas de debate.	Ich mag keine Talkshows.
Odio la música electrónica.	Ich hasse Elektro-Musik.
No soporto a la gente indecisa.	Ich kann Leute, die sich nicht entscheiden können, nicht ausstehen.

Trabajar en el jardín no es lo mío.	Gartenarbeit ist einfach nicht mein Ding.
Ese autor no es (uno) de mis favoritos que digamos.	Ich halte nicht viel von diesem Autor.
Remar no es algo que le guste a todo el mundo.	Rudern ist nicht jedermanns Sache.
No tengo ganas de perder el tiempo con esa gente.	Für solche Leute ist mir meine Zeit zu schade.
A Rebeca le cuesta bastante aceptar (las) críticas.	Rebeca kann Kritik schlecht annehmen.
Tomás simplemente no es mi tipo.	Tomás ist einfach nicht mein Typ.
No me importa.	Es macht mir nichts aus.
(A mí) me da igual.	Mir ist es *gleich / einerlei*.
Yo paso.	Ich passe.
Lo que sea.	Egal was.
No tengo nada en contra.	Ich habe nichts dagegen.
A mí eso me deja indiferente.	Das lässt mich kalt.
Me da completamente igual.	Das ist mir total egal.
Me importa un *pimiento / pepino / rábano*.	Es ist mir scheißegal.
Yo me amoldo a lo que digáis.	Ich richte mich ganz nach euch.
Eso no es mi problema. / A mí plim.	Das ist nicht mein Problem.
Eso es tu problema.	Das ist dein Problem.
¿Y (eso) a quién le importa? / ¿Y (eso) qué más da?	Wen juckt's?
¿Y qué?	Na und?
Haz lo que quieras.	Tu, was du willst.

A mí ist es eine Verdoppelung des Pronomens *me* und wird verwendet, wenn man sich von der Meinung eines anderen Sprechers abheben möchte.

> **Gut zu wissen!**
> Wenn man die Wahl dem anderen überlassen möchte, setzt man das Verb in den *Subjuntivo*: *Haz lo que quieras.* (Tu was immer du willst.) *Come lo que te guste.* (Iss, was immer du magst.)

G

**Gefühle und
Emotionen**

26 Esperanza, alegría
y felicidad
Hoffnung, Freude
und Glück

Bei Wünschen nach
ojalá steht das Verb
immer im *Subjuntivo*.

Espero que todo vaya bien.	Ich hoffe, alles geht gut.
Espero ver a Juan mañana.	Ich hoffe, dass ich Juan morgen sehe.
Ojalá asciendan a Mauricio.	Hoffentlich wird Mauricio befördert.
Cruzo los dedos (por ti).	Ich drück' (dir) die Daumen.
Esperemos lo mejor.	Hoffen wir das Beste.
Carmen tiene grandes esperanzas de encontrar pronto un trabajo.	Carmen hat große Hoffnung, bald eine Arbeit zu finden.
Soy bastante optimista con respecto al futuro.	Ich blicke ziemlich optimistisch in die Zukunft.
Todavía no he perdido la esperanza de encontrar una vivienda *asequible / pagable*.	Ich habe die Hoffnung noch nicht aufgegeben, eine bezahlbare Wohnung zu finden.
Todos tenemos bastantes esperanzas.	Wir sind alle ziemlich zuversichtlich.
Esto le va a dar esperanzas a mucha gente.	Dies wird vielen Menschen Hoffnung geben.
Ya se ve una luz al final del túnel.	Es gibt Licht am Ende des Tunnels.
Hay un atisbo de esperanza.	Es gibt einen Hoffnungsschimmer.
¿Estará Marcos en la fiesta? – *Espero que sí. / Espero que no.*	Wird Marcos auf der Party sein? – *Ich hoffe es. / Ich hoffe nicht.*
Si todo va bien, estará todo listo para el fin de semana.	Wenn alles gut geht, ist bis zum Wochenende alles fertig.

Esta noticia es muy *esperanzadora / reconfortante.*	Diese Nachricht ist *vielversprechend / ermutigend.*
Estoy / Soy muy feliz.	Ich bin so glücklich.
Estoy tan contento de que todo vaya bien.	Ich bin so froh, dass alles gut geht.
Estoy (muy) contento de que ya estés bien.	Ich bin (sehr) froh, dass es dir wieder gut geht.
Ronaldo estaba de bastante buen humor.	Ronaldo war in ziemlich guter Stimmung.
Laura estaba *superfeliz / supercontenta.*	Laura war überglücklich.
Cuando nació el bebé, no cabíamos de *gozo / felicidad.*	Als das Baby geboren wurde, waren wir überglücklich.
Todos estaban de buen humor.	Alle waren gut gelaunt.
Cuando se enteró de las notas de su examen, no cabía en sí de *gozo / felicidad.*	Als sie ihre Prüfungsergebnisse erfahren hat, war sie ganz aus dem Häuschen.
Nos alegramos muchísimo.	Wir haben uns riesig gefreut.
Vuestras buenas noticias nos han animado mucho.	Eure guten Nachrichten haben uns wirklich aufgemuntert.
Me has / Eso me ha salvado el día.	*Du hast / Das hat* mir den Tag gerettet.
Me has *animado / dado ánimos.*	Du hast mich aufgemuntert.
Me has puesto de buen humor.	Du hast mich aufgeheitert.
Al final todo ha salido bien.	Ende gut, alles gut.

Mit *estar* ist eher ein momentaner Gemütszustand gemeint; *ser* wird für feste Charaktereigenschaften verwendet.

In Lateinamerika wird auch häufig der Begriff *la dicha* (Glück) und das Adjektiv ♂ *dichoso* / ♀ *dichosa* (glücklich) verwendet.

> **Gut zu wissen!**
> Im Spanien werden sehr häufig Vergleiche verwendet, um Stimmungen oder Zustände auszudrücken:
> *Estoy más contento que unas castañuelas.* (Ich bin glücklicher als Kastagnetten.)
> *Estoy más feliz que unas pascuas.* (Ich bin glücklicher als ein Fest.)
> *Estoy más feliz que un niño con zapatos nuevos.* (Ich bin glücklicher als ein Kind mit neuen Schuhen.)

27 Decepción y tristeza
Enttäuschung und Traurigkeit

Estaba bastante decepcionado con los resultados.	Ich war von den Ergebnissen ziemlich enttäuscht.
Me ha decepcionado bastante. Me esperaba más de usted.	Sie haben mich enttäuscht. Ich hatte mehr von Ihnen erwartet.
Estábamos tan decepcionados.	Wir waren so enttäuscht.
No (me) esperaba eso de *ti / él*.	Das hätte ich nicht von *dir / ihm* erwartet.
Fue una amarga decepción.	Es war eine herbe Enttäuschung.
Mis colegas no me ayudaron y sentí que me habían dejado en la estacada.	Meine Kollegen haben mir nicht geholfen und ich fühlte mich im Stich gelassen.
Me decepcionó mucho que no me concedieran ni siquiera una entrevista.	Zu meiner großen Enttäuschung bekam ich noch nicht einmal ein Vorstellungsgespräch.
El fin de semana entero se alejó mucho de nuestras expectativas.	Das ganze Wochenende hat unsere Erwartungen enttäuscht.
Fue una decepción total.	Es war eine totale Enttäuschung.
Dista mucho de cumplir con las expectativas.	Es bleibt weit hinter den Erwartungen zurück.
La fiesta fue un fracaso.	Die Party war ein Reinfall.
¡Estaba tan desanimado!	Ich war so entmutigt!
Me siento tan *triste / infeliz / mal*.	Ich fühle mich so *traurig / unglücklich / elend*.

Umgangsprachlich sagt man über jemanden, der sehr enttäuscht und niedergeschlagen ist, auch: *Tiene la moral por los suelos.* (in etwa: Er ist völlig demoralisiert.)

Me fui con todo el pesar de mi corazón.	Ich bin schweren Herzens *abgereist / gegangen*.
Estábamos todos verdaderamente consternados.	Wir waren wirklich alle bestürzt.
Rafael está realmente afectado.	Rafael ist wirklich geknickt.
Pareces bastante afectado.	Du siehst ziemlich mitgenommen aus.
Tienes muy mala cara.	Du siehst gar nicht gut aus.
Estaba tan *deprimido / abatido / apesadumbrado*.	Ich war so *bedrückt / niedergeschlagen / betrübt*.
¿Por qué tienes esa cara tan triste?	Warum siehst du so bedrückt aus?
Jacobo está *totalmente deprimido / por los suelos*.	Jacobo ist *völlig deprimiert / am Boden zerstört*.
Cuando perdió su equipo, estaba desconsolado.	Als seine Mannschaft verlor, war er untröstlich.
Todas las cosas malas que me han pasado en los últimos meses me han afectado bastante.	All die schlimmen Dinge, die mir in den letzten Monaten passiert sind, haben mir ganz schön zugesetzt.
Me deprime pensar en lo que nos espera.	Es deprimiert mich, wenn ich daran denke, was uns erwartet.
Raquel todavía no ha superado la muerte de su marido.	Raquel trauert noch um ihren verstorbenen Mann.
La familia todavía está de luto.	Die Familie trauert noch.

Mit dem Ausdruck *tener mala cara* kann man sowohl die Stimmung als auch den Gesundheitszustand ansprechen.

> **Gut zu wissen!**
> Der Ausdruck *estar hecho polvo* (zu Staub geworden sein) wird in der Umgangsprache oft verwendet und kann zwei Bedeutungen haben:
> • sehr deprimiert oder betrübt sein
> • sehr erschöpft sein

G

Gefühle und Emotionen

28 Sorpresa e incredulidad
Überraschung und Unglaube

Quedarse + Partizip oder Adjektiv drückt einen Folgezustand nach einem unmittelbar vorausgegangenen Ereignis aus.

¡Me quedé tan ♂ sorprendido / ♀ sorprendida!	Ich war so überrascht!
Nos quedamos *sorprendidos / extrañados*.	Wir waren *erstaunt / verwundert*.
La noticia nos pilló totalmente de sorpresa.	Die Nachricht überraschte uns alle völlig.
No me lo puedo creer.	Ich kann es nicht fassen.
No nos lo podíamos creer.	Wir konnten es einfach nicht glauben.
Me he quedado sin palabras.	Ich weiß nicht, was ich sagen soll.
Me quedé *atónito / con la boca abierta*.	Ich war verblüfft.
Me he quedado sin habla.	Ich bin sprachlos.
Nos ha dejado *atónitos / pasmados*.	Das hat uns total verblüfft.
Me ha abierto los ojos.	Das hat mir wirklich die Augen geöffnet.
Eso es inconcebible.	Das ist kaum fassbar.
Fue absolutamente sorprendente.	Das war höchst erstaunlich.
¡No me lo puedo creer!	Ich glaube es nicht!
¡Pero eso es increíble!	Aber das ist unglaublich!
¡Jamás! Eso es imposible.	Niemals! Das ist unmöglich.
Eso no me lo trago.	Das schlucke ich nicht.
Es demasiado perfecto para ser cierto.	Das ist zu gut, um wahr zu sein.

In der Umgangssprache werden Partizipien auf *-ado* sehr oft auf *-ao* abgekürzt: *Nos ha dejao pasmaos,* anstatt: *Nos ha dejado pasmados.*

No fue una sorpresa.	Es war keine Überraschung.
No me extraña.	Kein Wunder.
A mí no me sorprendió lo más mínimo.	Ich war nicht im Geringsten überrascht.
Eso se lo contarás a tu abuela.	Das kannst du deiner Großmutter erzählen.
Eso no se lo cree ni Dios.	Wer's glaubt, wird selig.
Eso no te lo crees ni tú.	Das glaubst nicht einmal du.
Eso no tiene ni pies ni cabeza.	Das hat weder Hand noch Fuß.
Eso no lo habría hecho ni loca. ¡Anda ya!	Das hätte sie nie getan. Hör bloß auf.
¿Pero tú crees que me chupo el dedo?	Ich bin nicht von gestern.
¡Que no soy ♂ tonto / ♀ tonta.	Ich bin doch nicht blöd!
Yo soy *escéptico por naturaleza / escéptica por naturaleza.*	Ich bin *der geborene Skeptiker / die geborene Skeptikerin.*
Eso es un cuento chino.	Das ist ein Ammenmärchen.
Yo no le di mucho crédito.	Ich habe es nicht für bare Münze genommen.
Eso no suena muy *creíble / plausible.*	Das klingt überhaupt nicht plausibel.
No me cabe en la cabeza que Jaime haya hecho algo así.	Es ist unvorstellbar, dass Jaime so etwas tun würde.

Im Unterschied zu *creer* (glauben, denken) bedeutet *creerse* soviel wie „etwas ohne Zweifeln hinnehmen, etwas schlucken".

Chuparse el dedo bedeutet wörtlich „am Daumen lutschen".

Cuento chino heißt wörtlich „eine chinesische Erzählung". Eine unter vielen Erklärungen ist, dass der Ausdruck auf Marco Polos Berichte über China zurückgeht. Für seine Zeitgenossen klangen sie wie Lügenmärchen.

Gut zu wissen!

Hier einige Ausrufe, mit denen man Gefühle ausdrückt:

¡Vaya! → Sauber! (Erstaunen), Ach Mensch! (Enttäuschung)

¡Qué lío! → Was für ein Durcheinander!

¡Qué asco! → Ekelhaft!

¿Tú crees? → Meinst du?

¡Anda! / ¡No me digas! → Sag bloß! (Überraschung)

¡Tierra trágame! → Ich möchte im Erdboden versinken.

¡Qué me dices! → Nein, echt? (Erstaunen)

H

Die Meinung äußern

29 Las opiniones
de los demás
y la propia
Ansichten anderer
und die eigene
Meinung

¿Y usted qué piensa sobre eso?	Was denken Sie darüber?
¿Cuál es su opinión (sobre esto)?	Was ist Ihre Meinung (hierzu)?
¿Cuál es su punto de vista (en este asunto)?	Was sind Ihre Ansichten (in dieser Angelegenheit)?
¿Cuál es su postura (al respecto)?	Was ist Ihr Standpunkt (dazu)?
¿Qué opinión le merece eso?	Was halten Sie davon?
¿Y usted de qué lado está (en este asunto)?	Wo stehen Sie (in dieser Sache)?
¿Cuál es su posición (al respecto)?	Wie ist *Ihre Einstellung / Ihr Standpunkt* (dazu)?
¿Y usted cómo lo ve?	Wie sehen Sie diese Sache?

Creo que wird verwendet, um im Gespräch höflich eigene Meinungen einzuführen. Zweifel oder Unsicherheit drückt sich dadurch weniger aus.

Yo creo que Juan tiene razón.	Ich denke, Juan hat Recht.
Pues, en mi opinión, eso es una idea muy prometedora.	Wenn Sie mich fragen, ist das eine vielversprechende Idee.
Yo, personalmente, lo veo con mucho optimismo.	Ich persönlich bin sehr zuversichtlich.
Tal (y) como yo lo veo, ahora no es el mejor momento.	So wie ich das sehe, ist jetzt nicht der beste Zeitpunkt.
En mi opinión, deberíamos ahorrar más.	Meiner Meinung nach sollten wir mehr sparen.
En mi opinión, eso es una pérdida de tiempo.	Meiner Meinung nach ist das Zeitverschwendung.
(Yo) soy de la opinión (de) que no se invierte suficiente dinero en educación.	Ich bin der Meinung, dass nicht genug Geld für Bildung ausgegeben wird.

Creo que todos tenemos que trabajar más duramente.	Ich glaube, dass wir alle härter arbeiten müssen.
Creo que vamos por (el) buen camino.	Ich glaube, wir sind auf dem richtigen Weg.
No me parece que Andrés sea la persona más adecuada para el puesto.	Ich betrachte Andrés nicht als den besten Mann für die Stelle.
Por lo que a mí respecta, todo va viento en popa.	Was mich betrifft, läuft alles prima.
Desde mi punto de vista, un aumento del consumo siempre ayuda a la coyuntura.	Von meiner Warte aus hilft mehr Konsum der Konjunktur immer.
Para mí es una de las mejores escritoras de su *tiempo / época.*	Für mich ist sie eine der besten Schriftstellerinnen ihrer Zeit.
Supongo que habrá grandes cambios.	Ich schätze, es wird große Veränderungen geben.
Creo que Susana volverá pronto.	Ich glaube, dass Susana bald zurück sein wird.
Supongo que es simplemente una cuestión de tiempo.	Ich schätze, es ist einfach eine Frage der Zeit.

viento en popa = Rückenwind

para mí = meiner Meinung nach
por mí = meinetwegen

Gut zu wissen!
Nicht vergessen: Wenn wir Äußerungen oder Ansichten anderer in Frage stellen oder verneinen, steht das Verb im Nebensatz im *Subjuntivo: No me parece que Andrés* **sea** *la persona más adecuada para el puesto.*

H

Die Meinung
äußern

Correcto kann wie
im Deutschen zwei
Bedeutungen haben:
• ein Verhalten oder
  Entschluss ist
  richtig
oder
• eine Aussage ist
  richtig.
Cierto jedoch hat
nur die zweite
Bedeutung.

30 Expresar acuerdo
Zustimmung
ausdrücken

(Eso) es correcto.	Das ist richtig.
Está usted en lo cierto.	Sie haben Recht.
Tienes toda la razón.	Du hast total Recht.
Así es.	Genau das ist es.
(Yo) estoy de acuerdo (contigo / con eso).	Ich stimme (dir / dem) zu.
Estoy completamente de acuerdo.	Ich bin völlig einverstanden.
Estamos de acuerdo, entonces.	Wir sind also einer Meinung.
Yo lo veo (exactamente) igual.	Ich sehe das (ganz) genauso.
Estamos de acuerdo.	Wir sind uns einig.
Parece que hay un acuerdo.	Es scheint eine Einigung zu geben.
Soy de la misma opinión.	Ich bin der gleichen Meinung.
Comparto su opinión.	Ich teile Ihre Ansicht.
(Yo) tengo la misma opinión / el mismo punto de vista / la misma impresión.	Das ist auch meine Meinung / mein Standpunkt / mein Eindruck.
Al parecer tenemos puntos de vista parecidos.	Wir haben anscheinend ähnliche Ansichten.
Yo también lo veo así.	So sehe ich es auch.
Necesitamos más tiempo. – Yo también lo veo igual.	Wir brauchen mehr Zeit. – Das sehe ich genauso.
En ese punto estoy total- mente de acuerdo.	Ich bin da absolut einverstanden.

Así / Eso pienso yo también.	*So / Das* denke ich auch.
Creo que tienes razón.	Ich glaube, du hast Recht.
En ese asunto tenemos la misma opinión.	Wir sind in dieser Sache einer Meinung.
En eso hay mucho de verdad.	Da ist viel Wahres dran.
Exacto. / Eso es.	Genau.
Claro.	Natürlich.
¡Y tanto!	Und ob.
Me gusta esa idea. – A mí también.	Ich mag diese Idee. – Ich auch.
¡Y que lo digas!	Das kannst du laut sagen.
Estoy convencido de ello.	Davon bin ich überzeugt.
Eso es cierto.	Das ist korrekt.
Lo que usted está *diciendo / pensando* es cierto.	Was Sie da *sagen / denken*, ist korrekt.
Yo lo apoyo.	Das unterstütze ich.
Estoy (completamente) a favor (de hacerlo).	Ich bin (sehr) dafür(, das zu tun).
Le apoyo totalmente.	Sie haben meine volle Unterstützung.
Estamos en el buen camino.	Wir sind auf dem richtigen Weg.
Has dado en el clavo.	Du hast den Nagel auf den Kopf getroffen.
Yo no habría podido decirlo mejor.	Das hätte ich selbst nicht besser sagen können.
Estás en lo cierto.	Du liegst genau richtig.

Mit *eso* bezieht man sich auf etwas, was vorher im Gespräch erwähnt wurde. Mit *esto* zeigt man auf Gegenstände.

Gut zu wissen!
Folgende Adjektive zur Verstärkung von Aussagen können beliebig miteinander ausgetauscht werden: *completamente, absolutamente, totalmente.*

H

Die Meinung äußern

Im Deutschen drückt man gern klar und direkt aus, was man meint. Das wirkt jedoch auf viele Spanier schnell etwas unhöflich und aggressiv. Um im Gespräch zu bleiben, ist es daher häufig besser, zurückhaltend zu formulieren.

Personalpronomen *(yo, tú, él ...)* werden seltener verwendet als im Deutschen. Man benutzt sie z.B dann, wenn man betonen möchte, dass man anderer Meinung ist.

31 Manifestar desacuerdo
Widersprechen

No estoy muy seguro de estar de acuerdo.	Ich bin mir nicht sicher, ob ich einverstanden bin.
Lo siento, pero no comparto su opinión.	Tut mir leid, ich stimme Ihnen nicht zu.
Lo siento, pero yo no lo veo así.	Ich bin leider anderer Meinung.
No creo que eso se pueda decir así.	Ich glaube eigentlich nicht, dass man das so sagen kann.
Ahí tengo mis dudas.	Da habe ich meine Zweifel.
Yo no lo creo.	Das glaube ich nicht.
Me extraña mucho que ese sea el caso.	Ich bezweifele sehr, dass dies der Fall ist.
(Yo) no estoy muy seguro de eso.	Da bin ich mir nicht so sicher.
Me parece bastante improbable.	Das scheint mir eher unwahrscheinlich.
(Yo) soy más bien escéptico.	Ich bin eher skeptisch.
Creo que ha habido un malentendido.	Ich glaube, es liegt ein Missverständnis vor.
Parece que nuestras opiniones en este tema difieren.	Unsere Meinungen scheinen in dieser Sache auseinanderzugehen.
Yo no estoy de acuerdo.	Ich bin nicht einverstanden.
Yo no estoy de acuerdo *con el señor Lopez / contigo.*	Ich stimme *Herrn Lopez / dir* nicht zu.
Yo no comparto su opinión.	Ich teile Ihre Meinung nicht.
Tenemos puntos de vista diferentes.	Wir haben unterschiedliche Ansichten.

Hemos de aceptar que tenemos opiniones diferentes.	Wir müssen es dabei belassen, dass wir unterschiedlicher Meinung sind.
En ese tema tenemos opiniones diferentes.	Wir sind in dieser Sache unterschiedlicher Meinung.
Nuestras opiniones difieren bastante en este *asunto / tema*.	Wir sind in dieser Sache ziemlich gespalten.
Permítame que discrepe en relación con lo que acaba de decir.	Ich muss Ihnen in Bezug auf das, was Sie gerade gesagt haben, widersprechen.
Yo en eso discrepo.	Das würde ich bestreiten.
Eso no es correcto.	Das ist nicht *richtig / korrekt*.
Eso no puede ser cierto.	Das kann doch nicht wahr sein.
Discrepo totalmente.	Ich bin völlig anderer Meinung.
Yo estoy en contra.	Ich bin dagegen.
Por ahí no vas a ninguna parte.	Du bist auf der falschen Fährte.
Yo eso no lo veo así (en absoluto).	Das sehe ich (gar) nicht so.
Ahí tengo que llevarte la contraria.	Da muss ich dir widersprechen.
Difieren totalmente en sus opiniones.	Sie sind sich absolut nicht einig.
Se están tirando los trastos a la cabeza.	Sie liegen sich in den Haaren.
En ese punto creo que no vamos a llegar a un acuerdo.	In dieser Sache werden wir uns wohl nicht einig werden.

Mit dem Wort *eso* bezieht man sich auf einen Sachverhalt oder eine Aussage, die vorher genannt wurde oder beiden Sprechern bekannt ist.

Gut zu wissen!
Vorsicht mit dem Verb *discutir*: *discutir* heißt im Spanischen eher „verbal streiten" und nicht nur „reden" wie im Deutschen: *Estamos discutiendo.* (Wir streiten gerade.) „Über ein Thema diskutieren" heißt im Spanischen *debatir sobre un tema*.

H

Die Meinung äußern

Achtung: *problema* ist im Spanischen ein männliches Substantiv: *un pequeño problema*. Weitere Substantive auf *-a*, die dem Griechischen entlehnt und im Spanischen männlich sind, sind zum Beispiel *el tema* (das Thema), *el sistema* (das System) und *el clima* (das Klima).

32 Quejas y reclamaciones
Beschwerden und Reklamationen

Perdone, pero tengo que hacer una reclamación.	Entschuldigung, ich habe eine Beschwerde.
Lo siento, pero hay un pequeño problema.	Es gibt leider ein kleines Problem.
Parece que hay algo que no *funciona / va* bien.	Es scheint etwas nicht in Ordnung zu sein.
El baño no está limpio.	Das Bad ist nicht sauber.
La calefacción no funciona.	Die Heizung funktioniert nicht.
La bombilla está estropeada.	Die Glühbirne ist kaputt.
Algo va mal con el aire acondicionado.	Etwas stimmt mit der Klimaanlage nicht.
El váter está atascado.	Die Toilette ist verstopft.
Es demasiado…	*Er / Sie / Es* ist zu …
… ♂ largo / ♀ larga.	… lang.
… ♂ corto / ♀ corta.	… kurz.
La cremallera está rota.	Der Reißverschluss ist kaputt.
El abrigo *está defectuoso / tiene un defecto*.	Der Mantel hat einen Schaden.
El coche está sucio.	Das Auto ist dreckig.
Falta una pieza.	Ein Teil fehlt.
La pantalla no se enciende.	*Der Bildschirm / Das Display* bleibt schwarz.
¿Puede repararlo, por favor?	Können Sie es bitte richten?
¿Hay algo que se pueda hacer?	Können Sie etwas dagegen tun?

Estoy ♂ seguro / ♀ segura de que encontraremos una forma de solucionarlo.	Ich bin sicher, dass wir einen Weg finden, das zu klären.
Sé que no es su culpa.	Ich weiß, dass das nicht Ihre Schuld ist.
Quisiera que me devolvieran el importe.	Ich möchte um Erstattung bitten.
Quisiera que me dieran otro.	Ich möchte ein anderes.
Quiero que me devuelvan el dinero.	Ich will mein Geld zurück.
Perdone, pero no le permito que me *hable / trate* así.	Ich verbitte mir eine solche Behandlung.
Estoy en mi derecho de solicitar la devolución de mi dinero.	Es ist mein gutes Recht, mein Geld zurückzufordern.
Esto no se va a quedar así.	Das wird Konsequenzen haben.
Quisiera hablar con *el gerente / la gerente.*	Ich will mit *dem Geschäftsführer / der Geschäftsführerin* sprechen.
Exijo hablar con el encargado.	Ich verlange, die zuständige Person zu sprechen.
Me veo en la obligación de hablar con su superior.	Ich werde die Angelegenheit bei Ihrem Vorgesetzten ansprechen müssen.

Quisiera ist die übliche Form, mit der man höfliche Bitten einleitet. Sie kann auch durch das umgangssprachlichere *quería* ersetzt werden: *Quería que me devolvieran el importe.*

Gut zu wissen!
In Spanien besteht die Möglichkeit, sich in einem Lokal die *Carta de reclamaciones* bringen zu lassen.
In dieses Buch kann ein unzufriedener Kunde seine Beschwerden schreiben; Spanier machen davon jedoch wenig Gebrauch. Es werden auch selten private Rechtsschutzversicherungen abgeschlossen. Man versucht dem Streit eher aus dem Weg zu gehen oder sich irgendwie vorher zu einigen.

33 Propuestas y recomendaciones
Vorschläge und Empfehlungen

¿Qué lugares (de interés) nos recomienda que visitemos?	Welche Sehenswürdigkeiten können Sie uns empfehlen?
¿Qué nos recomienda?	Was schlagen Sie uns vor?
¿Nos podría dar un par de consejos?	Können Sie uns ein paar Tipps geben?
¿Puede recomendarnos algún restaurante?	Können Sie uns ein Restaurant empfehlen?
¿Tiene usted algunas sugerencias?	Haben Sie ein paar Anregungen für uns?
¿Qué tal una película?	Wie wäre es mit Kino?
Podría visitar un parque temático.	Sie könnten in einen Themenpark gehen.
¿Qué tal el casco antiguo?	Wie wär's mit der Altstadt?
¿Por qué no vamos a la playa?	Warum gehen wir nicht zum Strand?
¿Qué tal si hacemos un viaje en barco?	Lasst uns eine Bootsfahrt machen.
Propongo que descansemos un poquito y luego continuemos.	Ich schlage vor, wir ruhen uns aus und ziehen dann wieder los.
¿Puedo hacer otra propuesta?	Kann ich einen anderen Vorschlag machen?
Si me permite hacer otra propuesta, …	Wenn ich einen anderen Vorschlag machen dürfte, …
Tengo una idea mejor.	Ich habe eine bessere Idee.
Si queréis, podemos coger nuestro coche.	Wenn ihr möchtet, können wir unser Auto nehmen.

Nach Verben + *que,*
die Vorschläge oder
Empfehlungen
einführen, steht
das Verb im Neben-
satz im *Subjuntivo*
(*…que continuemos*).

Coger (nehmen) ist in
Spanien ein gängiges
Verb. In manchen
Ländern Lateinameri-
kas (z. B. Argentinien,
Uruguay) hat es eine
vulgäre Bedeutung
und sollte lieber
durch *tomar* ersetzt
werden.

¿Quieres que os lleve?	Möchtest du, dass ich euch hinbringe?
¿Nos vemos dentro de media hora en la recepción?	Sollen wir uns in einer halben Stunde an der Rezeption treffen?
¿Le apetecería ir a tomar unas tapitas en el Bar "Manolo"?	Hätten Sie Lust, in der Bar „Manolo" ein paar Tapas zu essen?
Lo mejor sería que nos encontráramos a las nueve.	Das Beste wäre, sich um neun zu treffen.
Yo en tu lugar, haría la reserva por Internet.	An deiner Stelle, würde ich online *reservieren / buchen*.
Le recomiendo encarecidamente reservar primero.	Ich würde Ihnen sehr empfehlen, vorher zu *reservieren / buchen*.
Podríamos ir al bar, ¿no?	Wir könnten einfach in die Bar gehen.
No se me ocurre nada mejor, así que podríamos hacer sencillamente lo que propone Ana.	Mir fällt nichts Besseres ein, also könnten wir auch einfach das tun, was Ana vorschlägt.
Hazme caso: no vale la pena.	Hör auf meinen Rat: Es ist die Mühe nicht wert.

Sehr oft wird beim Vorschlag, kurz etwas zu essen oder zu trinken, das entsprechende Wort verkleinert (*cafelito / cafecito, tapitas, cervecita...*).

Gut zu wissen!
Vorschläge werden im Spanischen oft mit Wörtern bekräftigt wie *¡Venga!* oder *¡Vamos!*, die im Deutschen „Komm(t)!" oder „Lasst uns ..." entsprechen.

34 En el restaurante
Im Restaurant

Quisiera reservar una mesa.	Ich möchte einen Tisch reservieren.
¿Para cuántas personas?	Für wie viele Personen?
Una mesa para cuatro personas a las siete y media.	Ein Tisch für vier Personen um 19.30 Uhr.
Preferiríamos una mesa *en la ventana / en el jardín / fuera, en la terraza / en un sitio tranquilo*, a ser posible.	Nach Möglichkeit hätten wir gern einen Tisch *am Fenster / im Garten / draußen auf der Terrasse / in einer ruhigen Ecke.*
Buenas tardes, tenemos una reserva (de mesa) a nombre de…	Guten Abend, wir haben eine Reservierung auf den Namen …
¿Está libre (este sitio)?	Ist (dieser Platz) hier frei?
¡Oiga, por favor!	Herr Ober!
Yo tomaré una cerveza.	Ich nehme ein Bier.
¿Nos trae la carta, por favor?	Können wir bitte die Speisekarte haben?
¿Tienen platos del día?	Haben Sie Tagesgerichte?
¿Tienen menú de mediodía?	Haben Sie ein Mittagsmenü?
¿Ya saben qué van a tomar?	Haben Sie gewählt?
Yo tomaré / Para mí, una ensalada mixta de primero.	Ich nehme einen gemischten Salat als Vorspeise.
Y yo, de segundo, tomaré la pasta con salmón.	Und als Hauptgericht hätte ich gern die Nudeln mit Lachs.
Soy *vegetariano / vegetariana*.	Ich bin *Vegetarier / Vegetarierin.*
Soy ♂ alérgico / ♀ alérgica a…	Ich bin gegen … allergisch.

In Spanien und Lateinamerika wird in Bars und Restaurants ohne allzu viel Höflichkeit bestellt. Es wird meistens Präsens oder Futur verwendet (*tomo… / tomaré…*), förmlichere Ausdrücke wie: *me gustaría…, quisiera…* oder ähnliches verwendet man selten.

¿Me podrían traer el plato sin las patatas?	Könnte ich das Gericht ohne Kartoffeln bekommen?
En vez de las patatas, ¿podrían ponerme un poco más de verdura?	Könnte ich statt der Kartoffeln mehr Gemüse bekommen?
El entrecot me gustaría *poco hecho / al punto / bien hecho*.	Ich hätte das Steak gern *blutig / medium / durchgebraten*.
Y para beber, una botella de agua *con / sin* gas, por favor.	Und zu trinken hätten wir gern eine Flasche Wasser *mit / ohne* Kohlensäure.
¿Me trae *otro cuchillo / otro tenedor / una cuchara limpia*, por favor?	Bringen Sie mir bitte *noch ein Messer / eine neue Gabel / einen sauberen Löffel*.
He terminado. Tengo suficiente.	Ich bin fertig. Ich habe genug.
Estoy ♂ lleno / ♀ llena.	Ich bin satt.
No me cabe nada más. / No puedo más.	Mehr schaffe ich nicht.
Yo no tomaré postre.	Für mich bitte kein Dessert.
La cuenta, por favor.	Die Rechnung, bitte.
¿Pagamos aquí o *en la barra / a la salida*?	Bezahlen wir hier oder *an der Theke / am Ausgang*?
La cuenta la repartimos entre todos, ¿no?	Wir teilen die Rechnung, oder?
Estás ♂ invitado / ♀ invitada. Yo me encargo de esto.	Du bist mein Gast. Das übernehme ich.
Vale, pero entonces la próxima me toca a mí.	Gut, aber dann bin ich nächstes Mal dran.

In Spanien und Lateinamerika ist es nicht üblich, getrennt zu zahlen. Man teilt den Betrag gleichmäßig durch alle und zahlt die Rechnung dann gemeinsam. Wenn Sie einmal eingeladen werden, sollten beim nächsten Mal auf jeden Fall Sie zahlen, auch wenn Ihr Begleiter Anstalten macht, wieder bezahlen zu wollen. So gleicht sich das immer aus.

> **Gut zu wissen!**
> In Spanien und Lateinamerika ist es nicht üblich, sich an einen Tisch zu setzen, an dem schon andere Gäste sitzen. Eine Ausnahme bilden nur rustikale Restaurants oder Bars, die mit langen Bänken und Tischen ausgestattet sind.

35 De compras
Shopping

¿Qué precio tiene?	Wie viel kostet das?
Es demasiado (para mí).	Das ist (mir) leider zu viel.
Es muy caro.	Das ist sehr teuer.
Eso sobrepasa mi presupuesto.	Das ist mehr als ich ausgeben wollte.
¿Tiene algo con un precio más asequible?	Haben Sie etwas Günstigeres?
Busco un regalo para un cumpleaños.	Ich suche ein Geburtstagsgeschenk.
¿Tiene algo para una persona mayor?	Haben Sie etwas, das einer älteren Person gefallen könnte?
¿En qué puedo ayudarle?	Kann ich Ihnen helfen?
No gracias, solo estoy mirando.	Danke, ich schaue nur.
Me ♂ lo / ♀ la llevo.	Ich nehme es.
No gracias, no lo *quiero / necesito*.	Danke, ich *möchte / brauche* es nicht.
¿Me ♂ lo / ♀ la puedo probar?	Kann ich das bitte anprobieren?
¿Perdone, dónde *están los probadores / está la caja?*	Verzeihung, wo ist die *Umkleide / Kasse?*
♂ Lo / ♀ La tiene en otro color?	Haben Sie es in einer anderen Farbe?
♂ Lo / ♀ La tiene en una talla *mayor / menor?*	Haben Sie es eine Nummer *größer / kleiner?*

Achtung! Einige Wörter sind im Deutschen Singular, im Spanischen Plural, z. B. *los pantalones* (die Hose) oder *las gafas* (die Brille). Entsprechend passt man auch das Objektpronomen an: *Me ♂ los / ♀ las llevo.*

Mit *perdone* macht man sich bemerkbar, wenn man eine Frage oder Bitte hat.

En Alemania tengo la talla 38. No sé si aquí es la misma.	In Deutschland habe ich Größe 38. Ich weiß nicht, ob es hier dieselbe Größe ist.
¿Qué tal le va?	Passt es Ihnen?
Me va un poco…	Es ist ein bisschen zu …
… ♂ estrecho / ♀ estrecha.	… eng.
… ♂ pequeño / ♀ pequeña.	… klein.
… ♂ ancho / ♀ ancha.	… weit.
… grande.	… groß.
Le sienta bien.	Es steht Ihnen.
No es exactamente lo que estoy buscando.	Es ist nicht ganz das, was ich suche.
¿Me lo puede envolver para regalo?	Können Sie es als Geschenk einpacken?
¿Tiene una bolsa, por favor?	Haben Sie eine Einkaufstüte?
Quisiera devolver esto.	Ich möchte das zurückgeben.
¿Tiene el tique de compra?	Haben Sie noch die Quittung?
En realidad, me gustaría que me devolvieran el importe.	Eigentlich hätte ich gern mein Geld zurück.
¿Pagará con tarjeta o en efectivo?	Zahlen Sie mit Karte oder bar?
¿Es una tarjeta de débito o de crédito?	Ist das eine EC- oder Kreditkarte?
¿Me podría dar dinero suelto, por favor?	Könnten Sie mir bitte Kleingeld geben?

Herrengrößen sind in Spanien meistens wie die deutschen Größen. Damengrößen fallen deutlich kleiner aus, normalerweise muss man zwei Größen dazurechnen.

Gut zu wissen!
In Spanien schließen die Geschäfte in der Regel abends um 20 Uhr. Kleinere Geschäfte machen noch eine Mittagspause von etwa 13.30 Uhr bis 16 Uhr. Große Warenhäuser sind durchgehend geöffnet, meist von 10 Uhr bis 21 Uhr. Die Öffnungszeiten der Banken sind dagegen kurz, üblicherweise nur vormittags von 8.30 Uhr bis 14.00 Uhr.

36   En el hotel
Im Hotel

¿Tienen habitaciones libres?	Haben Sie Zimmer frei?
Buscamos una habitación *individual / doble / con varias camas*.	Wir suchen ein *Einzelzimmer / Doppelzimmer / Mehrbettzimmer*.
Buscamos una habitación en alojamiento privado con desayuno para esta noche.	Wir suchen für heute Nacht ein Privatzimmer mit Frühstück.
Nos gustaría una habitación *tranquila / que dé al patio / con vistas al mar*.	Wir hätten gern *ein ruhiges Zimmer / ein Zimmer, das nach hinten geht / ein Zimmer mit Meerblick*.
¿Cuánto cuesta?	Wie viel kostet es?
¿El desayuno está incluido?	Ist das Frühstück inbegriffen?
¿Podría ver primero la habitación, por favor?	Könnte ich bitte zuerst das Zimmer sehen?
Tenemos una reserva para tres noches a nombre de…	Wir haben eine Reservierung für drei Nächte auf den Namen …
¿Me rellena por favor este formulario de inscripción?	Können Sie bitte das Anmeldeformular ausfüllen?
¿Me firma aquí, por favor?	Können Sie bitte hier unterschreiben?
¿Cómo prefiere pagar?	Wie wollen Sie bezahlen?
Hemos hecho la reserva por Internet y abonado el importe por anticipado. ¿Por qué necesita mi tarjeta de crédito?	Das Zimmer wurde über das Internet gebucht und im Voraus bezahlt. Warum brauchen Sie meine Kreditkarte?

Necesito los datos de la tarjeta como comprobante, pero le cargarán el importe a la salida.	Ich muss Ihre Karte einlesen, aber sie wird erst beim Checkout belastet.
Si quiere pagar en efectivo, necesito que me abone el importe antes.	Wenn Sie bar bezahlen, brauche ich Vorauskasse.
La habitación todavía no está lista. Estará a su disposición a las 14 horas.	Das Zimmer ist noch nicht fertig. Es ist ab 14 Uhr beziehbar.
¿Puedo dejar aquí mis maletas?	Kann ich mein Gepäck hier lassen?
¿Podrían darme otra habitación, por favor?	Könnten Sie mir bitte ein anderes Zimmer geben?
¿A qué hora es el desayuno?	Um wie viel Uhr ist Frühstück?
¿Dónde está *el ascensor / el gimnasio / el spa*?	Wo ist der *Aufzug / Fitnessraum / Wellnessbereich*?
¿Cuál es la contraseña para Internet?	Wie ist das Passwort für das Internet?
¿Tienen un plano de la ciudad?	Haben Sie einen Stadtplan?
¿Tienen *caja fuerte / un secador / un adaptador para enchufes europeos*?	Haben Sie einen *Safe / Föhn / Adapter für europäische Stecker*?
Nos gustaría *alargar la estancia por una noche / quedarnos una noche más*.	Wir möchten *um eine Nacht verlängern / noch eine Nacht bleiben*.
¿Me prepara la cuenta, por favor?	Könnten Sie mir bitte die Rechnung fertig machen?

Übrigens: Für den Fall, dass nicht alles Ihren Wünschen entspricht, finden Sie in Kapitel 32 wichtige Wendungen, um Ihre Beanstandungen loszuwerden.

Gut zu wissen!
In Spanien ist das Angebot an privaten Unterkünften auf dem Land breit und gut organisiert. Oft ist es eine gute Alternative zum Hotel, um die Menschen und Gebräuche der Region kennenzulernen (Stichwort: *Turismo rural* oder *Agroturismo*).

37 Eso me interesa
Das interessiert mich

Me encanta ver películas antiguas.	Ich schaue sehr gern alte Filme.
Yo suelo preparar la comida y me gusta probar nuevas recetas.	Ich übernehme meistens das Kochen und probiere gern neue Rezepte aus.
Me gusta salir y encontrarme con mis amigos en un bar.	Ich gehe einfach gern raus und treffe mich mit meinen Freunden in einer Bar.
Me encanta ver documentales de viajes.	Ich schaue mir gern Reise-Dokus an.
No me pierdo ningún episodio de mi serie favorita.	Ich verpasse keine Folge meiner Lieblingsserie.
No leo mucho.	Ich lese nicht viel.
Me interesa mucho la fotografía.	Ich interessiere mich für das Fotografieren.
Me gusta mucho oír música.	Ich höre gern Musik.
Estoy aprendiendo guitarra por mi cuenta.	Ich bringe mir das Gitarrespielen bei.
Voy bastante a menudo a los rastros.	Ich gehe ziemlich oft auf Flohmärkte.
Soy ♂ un manitas / ♀ una manitas en la casa.	Heimwerken ist genau mein Ding.
Colecciono botellitas de perfume.	Ich sammle Parfümflakons.
Tengo un perro que me obliga a salir de casa.	Ich habe einen Hund, der mich zwingt, nach draußen zu gehen.

Flohmärkte werden in manchen Ländern Lateinamerikas *los mercados de pulgas* (*pulga* = Floh) genannt.

Cuando llego a casa, me gusta hacer alguna actividad con movimiento.	Wenn ich nach Hause komme, mache ich gern etwas Aktives.
Paso mucho tiempo enganchado a *Twitter / Skype / Facebook*.	Ich verbringe viel Zeit *mit Twitter / mit Skype / auf Facebook*.
Me interesa todo lo que tenga que ver con *ordenadores / juegos de ordenador*.	Ich interessiere mich für alles, was *mit Computern / Computerspielen* zu tun hat.
Aprovechamos cualquier ocasión para salir de viaje.	Wir nutzen jede Gelegenheit zu verreisen.
Soy adicto a los sudokus.	Ich bin süchtig nach Sudoku.
Soy un forofo del excursionismo.	Ich bin begeisterter Wanderer.
Me relaja muchísimo.	Dabei kann ich mich sehr gut entspannen.
Paso mucho tiempo delante de la televisión.	Ich verbringe ziemlich viel Zeit vor dem Fernseher.
Mi mayor afición es el teatro amateur.	Mein wichtigstes Hobby ist Amateurtheater.
Margarita trabaja mucho a título honorífico.	Margarita arbeitet ziemlich viel ehrenamtlich.
Soy *el presidente / la presidenta* de nuestro club de tenis.	Ich bin *Vorsitzender / Vorsitzende* unseres Tennisvereins.
En el poco tiempo libre que tengo me gusta tomarme las cosas con calma.	In der wenigen Freizeit, die ich habe, möchte ich es ruhig angehen lassen.
No me interesa la política.	Ich interessiere mich nicht für Politik.
Intento *estar / mantenerme* al día.	Ich versuche auf dem Laufenden zu bleiben.

In Lateinamerika heißen Computer *las computadoras*.

Gut zu wissen!
Spanier und Lateinamerikaner verbringen viel freie Zeit mit der Familie und den Kindern. Unternehmungen mit der Familie sind deshalb ein beliebtes Thema bei Gesprächen über die Freizeitgestaltung.

J

Freizeit

38 El deporte
es lo mío
Sport ist
mein Ding

Bei Vorschlägen
verwendet man
gern eine Verklei-
nerungsform
(*partidito*).

Empecé *a jugar al golf / con las artes marciales* el año pasado.	Ich habe letztes Jahr mit *Golf / Kampfsport* angefangen.
¿Le apetece un partidito de tenis?	Hätten Sie Lust auf eine Runde Tennis?
¿Conoce usted algún buen campo de golf por esta zona?	Kennen Sie hier einen guten Golfplatz?
No juego muy bien al *golf / fútbol*.	Ich spiele nicht sehr gut *Golf / Fußball*.
He olvidado mi ropa de deporte.	Ich habe mein Sportzeug vergessen.
Soy *un apasionado / una apasionada* de los deportes acuáticos.	Ich bin *begeisterter Wassersportler / begeisterte Wassersportlerin*.
Hago *vela / surf / esquí acuático / submarinismo*.	Ich *segle / (wind)surfe / fahre Wasserski / mache Sporttauchen*.
Hoy hace un viento constante muy agradable; ni demasiado suave, ni demasiado fuerte.	Heute gibt es eine schöne stetige Brise, nicht zu leicht, nicht zu steif.
¿Tienen chalecos salvavidas?	Haben Sie Schwimmwesten?
¿Está completamente equipado el barco?	Ist das Boot voll ausgestattet?
Han dado un aviso de tormenta.	Es wurde eine Sturm- warnung ausgegeben.
El fin de semana solemos hacer senderismo.	Wir gehen am Wochenende meistens wandern.
Hay un camino por la costa.	Es gibt einen Wanderweg an der Küste.

No hay caminos señalizados.	Es gibt keine markierten Wanderwege.
Hemos hecho una excursión circular.	Wir haben eine Rundwanderung gemacht.
¿Dónde puedo encontrar *un guía / una guía* de montaña?	Wo finde ich *einen Bergführer / eine Bergführerin*?
¿Es muy *empinado / escarpado*?	Ist es sehr steil?
¿Con qué frecuencia va usted al gimnasio?	Wie oft gehen Sie ins Fitnessstudio?
Hago aerobic.	Ich mache Aerobic.
Intento entrenar tres veces por semana.	Ich versuche drei Mal die Woche zu trainieren.
Voy regularmente a pilates.	Ich gehe regelmäßig ins Pilates.
Me encanta la zumba.	Ich stehe total auf Zumba.
Me gusta mucho bailar.	Ich tanze gern.
Yo corro. / Hago footing.	Ich gehe joggen.
Yo practico *el atletismo / el piragüismo.*	Ich mache *Leichtathletik / Kanusport.*
Yo patino en línea.	Ich gehe Inlineskaten.
Corro (el) maratón.	Ich laufe Marathon.
En invierno *voy a esquiar / practico (el) esquí de fondo.*	Im Winter gehe ich *Ski fahren / langlaufen.*
Hago patinaje sobre hielo .	Ich gehe Schlittschuh laufen.
Voy en trineo.	Ich gehe rodeln.

Escarpado verwendet man mehr für felsige Bergwände und Hänge.

Gut zu wissen!
Im Spanischen wird bei allen Sportarten, in denen ein Ball gebraucht wird, das Verb *jugar* + *a* verwendet. Die Sportart wird immer von dem bestimmten Artikel *el* oder *la* begleitet *(juego al fútbol, juego al golf)*.

J

Freizeit

Die Stockwerke:
el sótano [-1]
la planta baja [0]
la primera planta [1]
la segunda planta [2]
la tercera planta [3]
la cuarta planta [4]
la quinta planta [5]
la sexta planta [6]
...
la ultima planta
[letzter Stock]

¿Cuando *abre / cierra* el museo?	Wann *öffnet / schließt* das Museum?
¿A qué hora *tiene lugar / es* la siguiente visita guiada?	Wann ist die nächste Führung?
¿Tienen audioguías en alemán?	Haben Sie einen deutschsprachigen Audio-Führer?
¿Se puede hacer fotos?	Ist es erlaubt zu fotografieren?
La exposición se inaugura mañana.	Die Ausstellung eröffnet morgen.
¿Cuánto cuesta el catálogo?	Was kostet der Katalog?
¿Puedo entrar con *mi bolso / mi mochila*?	Kann ich *meine Tasche / meinen Rucksack* mit reinnehmen?
¿En qué planta están las pinturas de Velázquez?	In welchem Stock sind die Gemälde von Velázquez?
Se ruega no tocar.	Nicht berühren.
Creía que era de mentira, pero es de verdad.	Ich dachte, es wäre eine Attrappe, aber es ist echt.
Me gustan *los paisajes / los bodegones / los autorretratos*.	Ich mag *die Landschaften / die Stillleben / die Selbstporträts*.
A mí el arte moderno no me *dice / atrae* mucho.	Ich habe nicht viel übrig für moderne Kunst.
¿Qué tal si hacemos una pausa y tomamos un café?	Lasst uns Pause machen und ins Café gehen.
¿Le gustaría ir esta tarde *a la ópera / al teatro / a un concierto*?	Möchten Sie heute Abend *in die Oper / ins Theater / in ein Konzert* gehen?
Nos vemos en el vestíbulo.	Ich treffe Sie im Foyer.

Las entradas están reservadas a mi nombre.	Die Eintrittskarten sind auf meinen Namen reserviert.
¿Quedan entradas?	Gibt es noch Karten?
¿En qué fila estamos?	In welcher Reihe sind wir?
Perdone, pero me parece que está usted (sentado) en mi sitio.	Entschuldigung, ich glaube, Sie sitzen auf meinem Platz.
¿Qué *tocan / representan*?	Was *spielen sie / führen sie auf*?
¿A qué hora empieza *el concierto / la representación*?	Wann beginnt *das Konzert / die Aufführung*?
¿Hay una pausa?	Gibt es eine Pause?
Es el estreno.	Es ist die Premiere.
Ha tenido muy buenas críticas.	*Er / Sie / Es* hat sehr gute Rezensionen bekommen.
El protagonista es fantástico.	Der Hauptdarsteller ist fantastisch.
La protagonista es fantástica.	Die Hauptdarstellerin ist fantastisch.
¿Ha entendido bien el argumento?	Konnten Sie der Handlung folgen?
¿Quién ha escrito la obra?	Wer hat das Stück geschrieben?
La acústica era estupenda.	Die Akustik war großartig.
Ha habido dos bises. / Tocaron dos piezas más.	Es gab zwei Zugaben.
¡Bravo! ¡Bravo!	Bravo! Bravo!

Tocar wird bei Konzerten verwendet, bei Theater oder Oper eher das Verb *representar*.

Gut zu wissen!
Hier noch ein bisschen Wortschatz zum Thema
„Kunst und Kultur":
die Show = *el espectáculo;* das Konzert = *el concierto;*
das Stück = *la pieza* (Konzert), *la obra* (Theater);
die Aufführung = *la representación;*
die Garderobe = *el guardarropa;* die Kasse = *la caja;*
die Theaterkasse = *la taquilla*

J

Freizeit

In der Umgangssprache werden manche Wörter gerne gekürzt:
la peli (película),
el boli (bolígrafo),
la disco (discoteca).

Wenn ein Satz mit dem direkten Objekt (Akkusativ) anfängt, wird er danach pronominal wiederholt: *La peli la estrenan ahora.*

¿Tienes ganas de ir al cine?	Hättest du Lust ins Kino zu gehen?
Podríamos ver la nueva película de James Bond.	Wir könnten den neuen James-Bond-Film anschauen.
¿Qué ponen en el cine?	Was läuft im Kino?
¿Dónde la ponen?	Wo läuft er?
Hay sesiones a las 18:30, a las 20:30 y a las 22:30 horas.	Vorführungen sind um 18.30, 20.30 und 22.30 Uhr.
Hay sesión de noche.	Es gibt eine Spätvorstellung.
Todavía no han estrenado la película en Alemania.	Der Film ist in Deutschland noch nicht angelaufen.
La peli la estrenan ahora.	Der Film läuft gerade in den Kinos an.
¿Qué ponen en la tele?	Was läuft im Fernsehen?
Las críticas son todas muy positivas.	Die Kritiken sind alle sehr positiv.
Esta película no me ha gustado tanto como la anterior.	Dieser Film hat mir nicht so gut gefallen wie der vorige.
… es mi serie favorita. Tengo todas las temporadas en DVD.	… ist meine Lieblingsserie. Ich habe alle Staffeln auf DVD.
Los efectos especiales son fabulosos.	Die Spezialeffekte sind fabelhaft.
Las tomas son impresionantes.	Die Aufnahmen sind überwältigend.
La película ha sido nominada para dos Óscars.	Der Film wurde für zwei Oscars nominiert.

Conoces la nueva novela policíaca de…	Kennst du schon den neuesten Krimi von …
¡Tengo unas ganas de que salga el nuevo tomo de… !	Ich warte schon sehnsüchtig auf den nächsten Band von …
Soy ♂ aficionado / ♀ aficionada a *los cómics franceses / los mangas japoneses*.	Ich bin ein Fan von *französischen Comics / japanischen Mangas*.
Soy un fan de las películas *de terror / del oeste / de ciencia ficción*.	Ich bin ein Fan von *Horrorfilmen / Western / Science-Fiction-Filmen*.
El último videojuego de… tiene una visualización gráfica increíble.	Das neueste Game von … hat eine unglaubliche Grafik.
¿Ya conoces la última aplicación para noticias?	Kennst du schon die neueste Nachrichten-App?
Todos los sábados hay música en vivo.	Es gibt jeden Samstag Livemusik.
¿Nos vamos de marcha? / ¿Vamos a bailar?	Wollen wir tanzen gehen?
La canción ha quedado en el segundo puesto de la lista de éxitos.	Die Single hat es auf Platz zwei in den Charts geschafft.
Su último *single / sencillo* fue un superéxito.	Ihre letzte Single war ein Mega-Erfolg.
Este verano están de gira por España.	Sie sind diesen Sommer auf Tournee in Spanien.
Ha sido una actuación *impresionante / fatal*.	Es war ein *großartiger / ganz mieser* Auftritt.

Ir de marcha wird in Spanien oft verwendet: es bedeutet „abends Bars oder Clubs besuchen, tanzen".

Gut zu wissen!
Spanische Jugendliche gehen am Wochenende spät aus. In die Bars geht man ab etwa 22 oder 23 Uhr. In den Discos oder Clubs ist erst ab 1 oder 2 Uhr nachts etwas los.

K

Urlaub und Reise

41 Planear y hablar de las vacaciones

Urlaubspläne und Reiseberichte

¿Tiene algún plan para las vacaciones?	Haben Sie Urlaubspläne?
¿Cuándo te vas a *coger / tomar* este año las vacaciones?	Wann nimmst du dieses Jahr deinen Urlaub?
Todavía me quedan días (de vacaciones), así que me tomaré el miércoles y el jueves libre.	Ich habe noch Urlaubstage übrig, also nehme ich mir Mittwoch und Donnerstag frei.
La empresa cierra de Navidades a Año Nuevo.	Die Firma macht zwischen Weihnachten und Neujahr zu.
El jueves es (un día) festivo, así que me tomaré el viernes libre y hago puente.	Der Donnerstag ist ein Feiertag, also nehme ich mir Freitag als Brückentag und mache daraus ein langes Wochenende.
Nosotros vamos a hacer unas vacaciones cortitas.	Wir machen Kurzurlaub.
Intentamos evitar ir de viaje durante las vacaciones escolares.	Wir versuchen es zu vermeiden, in den Schulferien zu verreisen.
Tenemos niños, así que tenemos que *coger / tomar* vacaciones cuando no hay clases.	Wir haben Kinder, also sind wir an die Schulferien gebunden.
Buen viaje.	Gute Reise.
Buenas vacaciones.	Schönen Urlaub.
Nos vemos a su vuelta.	Wir sehen uns, wenn Sie wieder da sind.
¿Qué tal tus vacaciones?	Wie war dein Urlaub?

Wenn der Donnerstag ein Feiertag ist und man sich den Freitag frei nimmt, um ein verlängertes Wochenende zu genießen, nennt man das *hacer puente* (eine Brücke bauen).

¿A dónde *has ido / fuiste*?	Wo bist du hingefahren?
¿Dónde *os habéis alojado / os alojasteis*?	Wo habt ihr gewohnt?
¿Cuánto tiempo ha estado usted fuera?	Wie lange waren Sie verreist?
Hemos alquilado un apartamento.	Wir haben eine Ferienwohnung gemietet.
Hemos vivido en *un alojamiento privado / un hotel / una pensión.*	Wir haben in *einem Privatzimmer / einem Hotel / einer Pension* gewohnt.
(Nos) alquilamos una caravana y viajamos por la *zona / región* durante dos semanas.	Wir haben ein Wohnmobil gemietet und sind zwei Wochen herumgereist.
Alquilamos una casa (junto) con unos amigos.	Wir haben mit Freunden zusammen ein Haus genommen.
Contratamos un *viaje organizado / tour.*	Wir haben eine *Pauschalreise / Pauschalrundreise* gebucht.
Nos fuimos de crucero.	Wir haben eine Kreuzfahrt gemacht.
Hicimos unas vacaciones *con mochila / mochileras* en Sudamérica.	Wir haben Rucksackferien in Südamerika gemacht.
Hicimos turismo rural por los Pirineos.	Wir haben Landtourismus durch die Pyrenäen gemacht.
El alojamiento era regular, pero la playa estaba nada más salir de casa.	Die Unterkunft war so lala, aber der Strand war vor der Haustür.
Estuvimos todo el tiempo en la playa, holgazaneando.	Wir haben einfach am Strand gefaulenzt.

Turismo rural ist eine schöne Art, Spanien kennenzulernen: Man übernachtet in Privatwohnungen in Dörfern, Landhäusern und Bauernhöfen. Unterkünfte gibt es in allen Preiskategorien.

Gut zu wissen!
In Spanien hat man lange Sommerferien (etwa von Ende Juni bis Mitte September). Dafür gibt es aber keine zweiwöchigen Pfingstferien. Die Urlaubstage für spanische Arbeitnehmer entsprechen ungefähr den deutschen Verhältnissen.

K

Urlaub und Reise

42 Viajando
Unterwegs

Quisiera un asiento de *ventanilla / pasillo.*	Ich hätte gern einen Platz am *Fenster / Gang.*
¿Puedo llevar esto como equipaje de mano a bordo?	Darf ich das als Handgepäck mit an Bord nehmen?
Me gustaría *cambiar / confirmar* el vuelo.	Ich möchte meinen Flug *umbuchen / bestätigen.*
Ha habido un atasco en el camino al aeropuerto y he perdido mi vuelo.	Es gab Stau auf dem Weg zum Flughafen und ich habe meinen Flug verpasst.
El vuelo lleva retraso y no sé si llegaré a tiempo de hacer el transbordo con el vuelo siguiente.	Der Flug ist verspätet und ich weiß nicht, ob ich meinen Anschlussflug noch bekomme.
El vuelo ha sido anulado.	Der Flug ist annulliert worden.
Me temo que está usted ♂ sentado / ♀ sentada en mi asiento. Tengo el 6B.	Ich fürchte, Sie sitzen auf meinem Platz. Ich habe 6B.
No pasa nada, pues entonces me siento aquí.	Macht nichts, dann setze ich mich hierher.
¿Tiene GPS el coche?	Hat das Auto (ein) Navi?
¿El coche va con gasolina Diesel o normal?	Ist das Auto ein Diesel oder ein Benziner?
¿Me puede decir cómo llegar a Isla Cristina?	Können Sie mir sagen, wie ich nach Isla Cristina komme?
Me he perdido.	Ich habe mich verfahren.
¿Dónde podemos aparcar gratis?	Wo können wir kostenlos parken?

Bei Abkürzungen werden die Buchstaben einfach auf Spanisch gelesen (hier: *ge, pe, ese*).

¿Está el coche seguro en este aparcamiento?	Kann man hier sein Auto unbesorgt abstellen?
He tenido una avería.	Ich habe eine Panne.
¿Sería tan amable de llamar a un *servicio de averías / taller*?	Könnten Sie einen Pannendienst rufen?
Estamos en un atasco.	Wir stehen im Stau.
La carretera está cortada y hay un desvío.	Die Straße ist gesperrt und es gibt eine Umleitung.
Un billete sencillo *para / a* Madrid, por favor.	Eine Einzelfahrkarte nach Madrid, bitte.
Un billete de ida y vuelta *a / para* Madrid, por favor.	Eine Hin- und Rückfahrkarte nach Madrid, bitte.
Dos billetes para la estación central de trenes, por favor.	Zwei Fahrkarten zum Hauptbahnhof, bitte.
¿De qué vía sale el tren *a / para* Córdoba?	Von welchem Bahnsteig geht der Zug nach Córdoba?
¿El billete vale para toda la red de transportes?	Gilt die Fahrkarte im gesamten Netzbereich?
No me aclaro con la máquina. ¿Podría ayudarme, por favor?	Ich komme mit dem Fahrkartenautomaten nicht zurecht. Könnten Sie mir bitte helfen?
¿Tengo que cambiar de línea para ir al Prado?	Muss ich umsteigen, um zum Prado zu kommen?
¿Este tren tiene parada en Ávila?	Hält dieser Zug in Ávila?
¿Este autobús va a Salamanca?	Fährt dieser Bus nach Salamanca?
¿Me podría decir dónde tengo que bajarme?	Könnten Sie mir sagen, wo ich aussteigen muss?

In Lateinamerika wird öfter das englische Wort *parking* und auch *estacionamiento* für Parkplatz verwendet.

El billete ist eine Fahrkarte für Zug und Flugzeug und auch ein Fahrschein bei öffentlichen Verkehrsmitteln. In Lateinamerika auch *boleto*.

Gut zu wissen!
Andere Bezeichnungen in einigen Ländern Lateinamerikas:
Fahrkarte: *el pasaje;* Bus: *la guagua* (Südamerika);
Metro: *el subte*(*rráneo*) (Argentinien); Flugzeug: *el aéreo*

K

Urlaub und Reise

Im Spanischen sollte man folgende Ausdrücke unterscheiden: *quisiera* (ich hätte gerne / ich möchte), um freundlich Wünsche zu äußern und *me gustaría* (ich würde gerne), um Träume oder Vorlieben auszudrücken.

Mit *piedras* (Steine) bezeichnet man umgangssprachlich historische Monumente.

43 Excursiones y visitas a monumentos
Ausflüge und Besichtigungen

¿Podría decirme dónde está la oficina de turismo?	Könnten Sie mir sagen, wo die Touristeninformation ist?
¿Tiene *un mapa de la zona / un plano de la ciudad*?	Haben Sie *eine Karte von der Gegend / einen Stadtplan*?
Estamos unos días por aquí…	Wir sind ein paar Tage hier …
… y quisiéramos visitar un par de monumentos.	… und möchten uns ein paar Sehenswürdigkeiten anschauen.
… y quisiéramos ver algo de la *ciudad / zona / región*.	… und möchten etwas von der *Stadt / Gegend / Region* sehen.
¿Qué es lo que se puede visitar y hacer por aquí?	Was gibt es hier in der Gegend zu sehen und zu tun?
¿Me podría *proponer / recomendar* algo?	Könnten Sie mir etwas *vorschlagen / empfehlen*?
¿Cuáles son los lugares de interés más importantes?	Was sind die wichtigsten Sehenswürdigkeiten?
¿Hay algo allí que sea especialmente interesante?	Gibt es etwas besonders Interessantes dort?
¿Qué excursiones podemos hacer?	Welche Ausflüge können wir unternehmen?
No somos precisamente unos fanáticos de la cultura.	Wir sind keine Kulturfanatiker.
No nos van mucho la historia y las piedras.	Wir haben es nicht so mit historischem Zeug und traditionellen Sehenswürdigkeiten.

Buscamos algo *especial / que se salga de lo común.*	Wir suchen ein bisschen 'was *Besonderes / Schräges.*
¿Tienen *información / una guía* en alemán?	Haben Sie *Prospekte / einen Führer* auf Deutsch?
¿Qué horario tiene?	Wie sind die Öffnungszeiten?
¿Cuándo es la próxima visita guiada?	Wann ist die nächste Führung?
¿Está muy lejos?	Ist es sehr weit?
¿Cuánto tiempo se necesita para llegar?	Wie lang braucht man, um dahin zu kommen?
¿Cuánto dura *la vuelta / el tour* en bus?	Wie lange dauert die Busrundfahrt?
¿Cuánto *cuesta / es* la entrada?	Was kostet der Eintritt?
¿Hay descuento para *niños / estudiantes / personas mayores*?	Gibt es Ermäßigungen für *Kinder / Studenten / Senioren*?
Hay un *famoso / conocido / …*	Es gibt ein(e) berühmte(s) / bekannte(s) …
… castillo / monumento.	*… Schloss / Denkmal.*
… museo (al aire libre) / casco antiguo.	*… (Freilicht-)Museum / Altstadt.*
Hay una *famosa / conocida* catedral.	Es gibt eine *berühmte / bekannte* Kathedrale.
Ahora hay un festival *de cine / de rock.*	Zurzeit findet ein *Kino- / Rock-*Festival statt.
Ahora el pueblo está en fiestas.	Zurzeit findet das jährliche Dorffest statt.
Hay *un río / una reserva de la biosfera / una reserva de aves / un parque nacional.*	Es gibt ein(en) *Fluss / Natur-schutzgebiet / Vogelschutz-gebiet / Nationalpark.*

Guía kann wie im Deutschen sowohl den Fremdenführer als Person (*el / la guía*) als auch den gedruckten Text bezeichnen (*la guía*).

Gut zu wissen!
In den Dörfern Spaniens gibt es oft einen zentralen Platz, der *Plaza Mayor* genannt wird. Die zentrale Straße heißt auch *Plaza Mayor*. Fast jedes Dorf feiert einmal im Jahr sein Dorffest (*las fiestas del pueblo*), meistens im Sommer.

K

Urlaub und Reise

In Spanien sind Saunen noch wenig verbreitet. Damen und Herren werden meist strikt getrennt und man betritt die Sauna nicht nackt, sondern in Badebekleidung.

44 Wellness y descanso
Wellness und Erholung

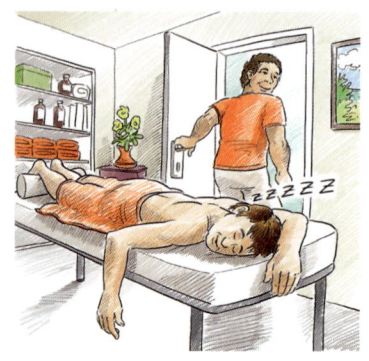

¿Tiene el hotel *zona de spa / sauna / baño de vapor / cabina de infrarrojos*?	Hat das Hotel *ein Wellness-Zentrum / eine Sauna / ein Dampfbad / eine Infrarotkabine*?
¿Tienen sala de *yoga / meditación*?	Haben Sie einen *Yoga- / Meditations*raum?
¿Hay un spa por esta zona?	Gibt es ein Spa in der näheren Umgebung?
¿Qué tipo de *masajes / tratamientos cosméticos* ofrecen?	Welche *Massagen / Kosmetik-anwendungen* bieten Sie an?
¿Ofrecen también masajes *Ayurveda / de acupresión / terapéuticos*?	Bieten Sie *Ayurveda- / Akupressur- / medizinische* Massagen an?
La zona spa cuenta con una piscina termal exterior así como con un *jacuzzi / tanque de flotación*.	Der Spa-Bereich umfasst ein Schwimmbad mit beheiztem Außenbecken sowie einen *Whirlpool / Floating-Tank*.
¿Hay albornoces y sandalias (gratis) a disposición?	Werden Bademäntel und Badesandalen (kostenlos) zur Verfügung gestellt?
¿Tengo que traer toalla propia?	Muss ich ein Handtuch mitbringen?
¿Cuándo abre *la sauna / el spa / la piscina*?	Wann hat *die Sauna / das Spa / der Pool* geöffnet?
¿Tengo que concertar cita?	Muss ich einen Termin vereinbaren?
Quisiera...	Ich hätte gern …
… una pedicura / una manicura	*… eine Pediküre / eine Maniküre*.

... una envoltura de fango.	... eine Fangopackung.
... un tratamiento facial antiaging.	... eine Anti-Aging-Gesichtsbehandlung.
... un peeling corporal.	... ein Ganzkörper-Peeling.
Quisiera reservar el programa de limpieza y desintoxicación.	Ich möchte gern das Entgiftungsprogramm buchen.
Tengo hora para un masaje.	Ich habe einen Termin für eine Massage.
A las 11:30 tengo (hora en la) *aromaterapia / reflexología podal*.	Ich habe um 11.30 Uhr einen Termin für eine *Aromatherapie / Fußreflexzonenmassage*.
Tengo un vale para un baño de algas.	Ich habe einen Gutschein für ein Meeresalgenbad.
¿Tienen productos de tratamiento cutáneo para alérgicos?	Haben Sie Hautpflegeprodukte für Allergiker?
¿Hay también una sauna para mujeres?	Gibt es auch eine Damensauna?
Tenga cuidado cuando me trate el pie izquierdo, por favor.	Seien Sie bitte vorsichtig, wenn Sie meinen linken Fuß behandeln.
Tengo *contracciones musculares en la espalda / dolores en el hombro derecho*.	Ich habe *Muskelverspannungen im Rücken / Schmerzen in der rechten Schulter*.
Después del yoga siempre me siento genial.	Nach dem Yoga geht es mir immer super.
Como mejor me relajo es con un buen masaje.	Am besten entspanne ich bei einer guten Massage.

Für die englischen Bezeichnungen gibt es auch spanische Wörter, aber meistens werden sie weniger verwendet, da sie länger sind: *Anti-aging = tratamiento de rejuvenecimiento, peeling = exfoliación*

Gut zu wissen!
Das traditionelle „Kurhaus" heißt in Spanien *el balneario*. Diese Anstalten haben den neuen Gesundheitstrends entsprechend auch Wellness-Bereiche (*los spas*) angeschlossen. In Lateinamerika kann *balneario* jedoch einfach „Badestrand" bedeuten.

L

Am Telefon

45 Llamadas privadas
Private Telefonate

Nimmt man in spanischsprachigen Ländern privat einen Telefonanruf entgegen, meldet man sich nicht mit seinem Namen, sondern fordert den Anrufer gleich zum Sprechen auf (*¿Dígame?*). In Lateinamerika meldet man sich z. B. mit *¿Aló?* oder *¿Sí?*

¿Dígame? / ¿Aló? / ¿Sí?	*Ja bitte? / Hallo? / Ja?*
Hola, soy Martina, de Alemania.	Hallo, hier spricht Martina aus Deutschland.
¡Qué alegría oir de ti!	Schön, wieder von dir zu hören.
¡Qué sorpresa *tan / más* agradable!	Das ist aber eine schöne Überraschung.
¡Cuánto tiempo!	Das ist ja lange her.
¡Hace mucho que no tenía noticias tuyas!	Ich habe eine ganze Weile nichts von dir gehört.
¿Y qué tal te va?	Nun, wie geht's denn so?
Te llamo porque…	Ich rufe an, weil …
Me gustaría hacerte una visita.	Ich würde dich gern besuchen.
Solo quería saludarte.	Ich wollte einfach hallo sagen.
Tengo muy mala conciencia por no dar señales de vida en tanto tiempo.	Ich habe ein sehr schlechtes Gewissen, weil ich so lange kein Lebenszeichen von mir gegeben habe.
No pasa nada.	Kein Problem.
Hola, soy yo.	Hallo, ich bin's.
¿Tienes un ratito?	Hast du einen Moment?
¿Te va bien que hablemos?	Passt es dir jetzt?
¿Llamo en mal momento?	Ich hoffe, ich rufe nicht ungelegen an.

Espero no haberos llamado en medio de la cena.	Ich hoffe, ich rufe nicht mitten beim Abendessen an.
¿Está Monika? ¿Puedo hablar un momentito con ella?	Ist Monika da? Kann ich kurz mit ihr sprechen?
¿De parte de quién?	Und Sie sind, bitte?
Lo siento, acaba de salir, pero seguro que la localizas en el móvil.	Tut mir leid, sie ist gerade ausgegangen. Aber du erreichst sie sicher auf ihrem Handy.
¿Puedes decirle que me llame?	Kannst du sie bitten, mich zurückzurufen?
Ahora no me va muy bien. ¿Puedo llamar más tarde?	Es passt im Moment nicht so gut. Kann ich zurückrufen?
¿Hasta qué hora te puedo llamar?	Bis wann kann ich dich anrufen?
Estoy en casa. ¿Me puedes llamar al fijo? ¿Tienes el número?	Ich bin zu Hause. Kannst du mich auf dem Festnetz anrufen? Hast du die Nummer?
Tengo un nuevo número de móvil.	Ich habe eine neue Handynummer.
Te llamo desde el móvil.	Ich rufe dich vom Handy an.
Me estoy quedando sin batería.	Mein Akku geht zu Ende.
Tengo muy poca cobertura.	Ich habe kein sehr gutes Signal.
Lo siento, pero de repente se ha cortado la comunicación.	Tut mir leid, du warst auf einmal weg.
Te oigo bien. ¿Tú qué tal me oyes?	Ich höre dich gut. Kannst du mich hören?
Voy a colgar y te llamo otra vez, ¿vale?	Ich lege auf und rufe dich noch einmal an, o.k.?

In einigen Ländern Lateinamerikas heißt das Handy *el celular*.

> **Gut zu wissen!**
> Anders als bei geschäftlichen Telefonaten ist es bei privaten Telefongesprächen nicht üblich, sich als Anrufer zuerst vorzustellen. Man fragt gleich nach der Person, mit der man sprechen möchte (*¿Está Pedro?*).

L

46 Llamadas en el trabajo
Geschäftliche Telefonate

Mit *Me llamo…* stellt man sich zum ersten Mal vor. Mit *Soy…*, wenn man schon in Kontakt mit der anderen Firma steht.

Sehr oft werden Wörter mit *–ito / -ita* oder *–illo / -illa* verkleinert, besonders, wenn es um etwas heikle Angelegenheiten geht. Dies entschärft etwas die Aussage und gibt ihr einen freundlicheren Ton.

Telefónica, buenos días. Le habla María Ramos. ¿En qué puedo ♂ ayudarle / ♀ ayudarla?	Telefónica, guten Tag. María Ramos am Apparat. Wie kann ich Ihnen helfen?
Me llamo / Soy Bernd Meyer, le llamo desde Hamburgo.	Hier spricht Bernd Meyer, ich rufe aus Hamburg an.
Soy Mark Förster, de la empresa Redmax.	Hier ist Mark Förster von der Firma Redmax.
¿Está Martín? – Un momentito, voy a buscarlo.	Ist Martín da? – Einen Augenblick. Ich hole ihn.
(Ahora mismo) le paso.	Ich stelle Sie durch.
Me ha dado su nombre una colega.	Ihren Namen habe ich von einer Kollegin.
Me han recomendado su empresa.	Ihr Unternehmen ist mir empfohlen worden.
Nos conocimos en la feria (de muestras) de Múnich.	Wir haben uns auf der Messe in München kennengelernt.
¿Qué puedo hacer por usted?	Was kann ich für Sie tun?
¿Me podría decir de qué se trata, por favor?	Darf ich fragen, worum es geht?
Le llamo en relación con su último pedido.	Ich rufe wegen Ihrer letzten Bestellung an.
Estoy intentando resolver un problemilla con el último pago.	Ich versuche ein Problem mit der letzten Zahlung in Ordnung zu bringen.
Quisiera concertar una *cita / entrevista*.	Ich möchte einen *Termin / Treffen* vereinbaren.

¿Es usted ♂ el / ♀ la que lo lleva?	Sind Sie (dafür) zuständig?
Si espera un momentito, voy a buscar a alguien que pueda ayudarle.	Wenn Sie einen Moment dranbleiben, suche ich jemanden, der Ihnen helfen kann.
Le doy mi número. El prefijo nacional es el 49, el de la ciudad es el 89 y mi número es el…	Ich gebe Ihnen meine Nummer. Die Ländervorwahl ist 49, die Ortsvorwahl 89, und meine Nummer ist …
Le oigo muy mal.	Ich höre Sie sehr schlecht.
Eso no lo he entendido muy bien. ¿Me lo podría repetir, por favor?	Das habe ich leider nicht ganz mitbekommen. Könnten Sie es bitte wiederholen?
Se ha cortado la comunicación.	Die Verbindung wurde leider unterbrochen.
Disculpe / Perdone el retraso.	Entschuldigen Sie die Verzögerung.
„Actualmente todas nuestras líneas están ocupadas. Permanezca a la espera."	„Unsere Leitungen sind im Moment alle besetzt. Bitte bleiben Sie am Apparat."
Lo siento mucho, pero me ha surgido un imprevisto. Tengo que *cambiar / cancelar* nuestra cita.	Es ist leider etwas dazwischen gekommen. Ich muss unseren Termin *verschieben / absagen*.
Se ha anulado una reunión y podemos adelantar nuestra cita.	Eine Sitzung fällt aus, sodass wir unser Treffen vorziehen könnten.

In Lateinamerika wird anstatt *el retraso* meistens *la demora* verwendet.

Gut zu wissen!
In Spanien und Lateinamerika laufen Geschäfte besser, wenn man eine persönliche Beziehung zu den Geschäftspartnern aufbaut. Dies gilt auch für Telefongespräche: Sich vor dem eigentlichen Gesprächsthema für die Familie oder den Gesundheitszustand des Gesprächspartners zu interessieren wirkt Wunder.

47 Dejar un mensaje
Eine Nachricht hinterlassen

Nach Wünschen,
Anweisungen,
Befehlen oder
Empfehlungen mit
que steht das Verb
im Nebensatz im
*Subjuntivo: ¿Quieres
que le **diga** algo?*

La señora Bergman no se puede poner en estos momentos.	Frau Bergman ist leider nicht erreichbar.
Está *en una reunión / en viaje de negocios / ocupada*.	Sie ist *in einer Sitzung / auf Geschäftsreise / beschäftigt*.
Está comiendo.	Sie ist zu Tisch.
No está en su escritorio.	Sie ist nicht an ihrem Platz.
Ha salido.	Sie ist außer Haus.
¿Quiere que le diga algo?	Kann ich *ihm / ihr* etwas ausrichten?
¿Quiere dejar *algún recado / algún mensaje / algo dicho*?	Wollen Sie eine Nachricht hinterlassen?
¿Quiere que llame de vuelta?	Soll *er / sie* zurückrufen?
Sí por favor, si es tan amable.	Ja, bitte. Wenn Sie so nett sind.
Lo intentaré otra vez un poco más tarde.	Ich versuche es später noch einmal.
Va a ser difícil localizarme.	Ich werde schwer zu erreichen sein.
Tengo (ahora) una reunión.	Ich habe (jetzt) eine Sitzung.
¿A qué hora estará de vuelta?	Um wie viel Uhr ist sie wieder da?
Inténtelo de nuevo dentro de media hora, por favor.	Versuchen Sie es bitte in einer halben Stunde.
No estoy seguro de cuándo va a volver.	Ich bin mir nicht sicher, wann *er / sie* wieder da ist.

¿Le podría decir que he llamado, por favor?	Könnten Sie ihm ausrichten, dass ich angerufen habe?
¿Podría decirle que me llame, por favor?	Würden Sie ihn bitten, sich bei mir zu melden?
¿Tiene su número?	Hat er Ihre Nummer?
¿Es el número que me aparece aquí en pantalla?	Ist es die Nummer hier auf meinem Display?
Un momentito, que coja algo para escribir.	Einen Moment. Ich muss etwas zum Schreiben holen.
Ya está, dígame.	Gut, bitte fahren Sie fort.
Perdone, ¿me ha dicho 9609?	Entschuldigung, war das 9609?
Disculpe, ¿ha dicho Z de Zaragoza?	Entschuldigung, sagten Sie Z wie Zeppelin?
Se lo repito.	Ich wiederhole.
Aquí el buzón de voz de Rebeca. Estoy de viaje hasta el 27 de mayo.	Hier ist Rebecas Sprachbox. Ich bin bis 27. Mai verreist.
Soy Michael Dehner y tengo un mensaje para Dolores Gómez: ¿Podría ponerse en contacto conmigo, por favor?	Hier spricht Michael Dehner mit einer Nachricht für Dolores Gómez: Könnte sie sich bitte mit mir in Verbindung setzen?
Le dejo otra vez mi número, por si acaso: …	Hier vorsichtshalber noch einmal meine Nummer: …
Hola Miguel. *Habla / Soy* Lisa. Estaré aquí hasta las 19:30 más o menos.	Hallo Miguel. Hier spricht Lisa. Ich bin bis etwa 19.30 Uhr hier.

Eine Anleitung zum Buchstabieren finden Sie im Anhang.

In einigen Ländern Lateinamerikas stellt man sich am Telefon eher mit *(Aquí) habla…* vor.

Gut zu wissen!
In Spanien und Lateinamerika gibt es eine lange Mittagspause, in Spanien generell zwischen 14 und 16 Uhr und in Lateinamerika zwischen 13 und 15 Uhr. Zu diesen Uhrzeiten kann es passieren, dass Mitarbeiter in kleineren Geschäften oder Firmen nicht erreichbar sind.

L

Am Telefon

48 Reservas y pedidos
Reservieren und bestellen

Nützliche Sätze für den Besuch im Restaurant finden Sie im Kapitel 34.

Quisiera reservar una mesa.	Ich möchte einen Tisch reservieren.
Una mesa para cuatro personas a las 19:30.	Ein Tisch für vier Personen um 19.30 Uhr.
¿A qué nombre, por favor?	Auf welchen Namen bitte?
Estamos completos, lo siento.	Wir sind leider ausgebucht.
Lo más pronto que le puedo ofrecer es a las 21:00 horas.	Das Früheste, was ich anbieten kann, ist 21.00 Uhr.
¿De verdad (que) no les queda nada libre?	Ist wirklich gar nichts mehr frei?
Me gustaría encargar algo para *comer / cenar*.	Ich möchte etwas zum Essen bestellen.
Dos pizzas salami, por favor.	Zwei Pizza Salami bitte.
El número 37 y el 69, por favor.	Die Nummer 37 und die 69, bitte.
Por favor, lleven la comida a la calle Aneto 39, al primero A.	Bitte liefern Sie das Essen in die Calle Aneto 39, erster Stock A.
¿Me da su número de móvil, por favor?	Kann ich bitte Ihre Handynummer haben?
Tardará unos 40 minutos.	Es dauert circa 40 Minuten.
Quisiera pedir un taxi.	Ich möchte ein Taxi bestellen.
Para mañana a primera hora, al aeropuerto.	Für morgen früh, zum Flughafen.
Cuatro personas y su equipaje.	Vier Personen und ihr Gepäck.

In Spanien und Lateinamerika muss man bei Bestellungen die genaue Adresse angeben. In Spanien z. B.: Name der Straße, Hausnummer, Stockwerk und Wohnungstür.

¿Cuál es la dirección?	Wie lautet die Adresse?
¿Me dice el distrito postal, por favor?	Geben Sie mir bitte die Postleitzahl.
¿Cuánto cree que tardaremos, más o menos?	Wie lange werden wir voraussichtlich brauchen?
El vuelo sale a las 8:30, así que me gustaría estar allí a las 7:15 a más tardar.	Der Flug ist um 8.30 Uhr, also möchte ich bis spätestens 7.15 Uhr dort sein.
Le *vendrán a recoger / recogerán* a las 6:30.	Sie werden um 6.30 Uhr abgeholt.
¿Tienen una habitación libre para esta noche?	Haben Sie ein freies Zimmer für heute Nacht?
¿Sobre qué hora llegará usted? – Sobre las…	Wann werden Sie etwa ankommen? – Ungefähr um …
Dos entradas para (la representación de) „Flamenco" a las 20:00 horas.	Zwei Karten für die 20-Uhr-Vorstellung von „Flamenco".
Necesito su nombre y los datos de su tarjeta, por favor.	Ihr Name und Ihre Kreditkartenangaben, bitte.
¿Les quedan (todavía) entradas para esta *tarde / noche*?	Haben Sie noch Karten für heute Abend?
Tengo dos entradas contiguas en las filas 14 y 17 y en el palco principal.	Ich habe zwei Plätze zusammen in Reihe 14 und 17 und im ersten Rang.
¿Dónde veremos mejor *el escenario / la pantalla*?	Wo haben wir die beste Sicht auf die *Bühne / Leinwand*?
Nos quedamos con las del palco principal.	Wir nehmen die im Rang.

Zum Thema Hotel bzw. Unterkunft siehe auch Kapitel 36.

> **Gut zu wissen!**
> In Spanien und Lateinamerika kann es passieren, dass bei Online-Bestellungen aus dem Ausland keine Kreditkarten akzeptiert werden. Dies liegt daran, dass manche Unternehmen keine Risiken eingehen wollen und nur Zahlungen von Landesbanken akzeptieren.

M

Medien und Kommunikation

49 Mensajes en
el móvil
SMS und
Messaging

In vielen Ländern
Lateinamerikas heißt
das Handy *celular*
(cel).

a2 = adiós	tschüss
ad+ = además	außerdem
a q hr qdmos? = ¿A qué hora quedamos?	Wann treffen wir uns?
al mvl = al móvil	ans Handy
avsme = avísame	sag Bescheid
2bs = dos besos	zwei Küsse
bns nxs = buenas noches	gute Nacht
CA = cuanto antes	so bald wie möglich
d = de	über, von
d mnto = de momento	im Augenblick
dnd? = ¿Dónde?	Wo?
Dnde s la fsta?= ¿Dónde es la fiesta?	Wo findet die Party statt?
dvd = de verdad	echt, wirklich
ers 1 psao = Eres un pesado.	Du nervst.
finde = fin de semana	Wochenende
grcs / thanx = gracias / thanks	danke
hay + = hay más	es kommt noch mehr
Hla *wpo / wpa* = ¡Hola *guapo / guapa!*	Hallo, *Süßer / Süße*!
hy = hoy	heute
lo snto = lo siento	tut mir leid
llmme = llámame	ruf bitte an

mdme 1 mje = mándame un mensaje	schick mir eine SMS
mdme la dire = mándame la dirección	schick mir die Adresse
mña = mañana	morgen
msj = mensaje	Nachricht
mxa srt = mucha suerte	*alles Gute / viel Glück*
n tng cbt = no tengo cobertura	ich habe keinen Empfang
NPH = no puedo hablar	kann nicht reden
npn = no pasa nada	macht nichts
ntp = no te preocupes	mach dir keine Sorgen
pf / xfa = por favor / porfa	bitte
pq / xq = porque	weil
qndo? = ¿Cuándo?	Wann?
qt1bd = ¡Que tengas un buen día!	Schönen Tag!
qtal? =¿Qué tal?	Wie geht's?
salu2 = saludos	Grüße
spra = espera	warte
+ trde = más tarde	später
t llmo lgo = te llamo luego	ich rufe dich später an
t xo d - = te echo de menos	ich vermisse dich
tas OK? = ¿Estás ok?	Geht's dir gut?
tkm / tqm = te quiero mucho	ich liebe dich sehr
yo tmb = yo también	ich auch

In Kapitel 50 finden Sie viele weitere Abkürzungen, die auch beim Simsen verwendet werden können.

> **Gut zu wissen!**
> Einige gängige Abkürzungen bei SMS und Chat sind:
>
> | | | | |
> |---|---|---|---|
> | *+ = más* | *− = menos* | *q = que* | *x = por* |
> | *way = guay* (toll) | *stoi = estoy* | *xo = pero* | *sos = socorro* |
>
> Die Frage- und Ausrufezeichen am Anfang (¿ ¡) werden oft weggelassen.

M

Medien und Kommunikation

50 Chat y redes sociales
Chatten und soziale Netzwerke

Viele der in Kapitel 49 genannten Kürzel werden natürlich auch in Chats und Posts verwendet.

¿Vienes al chat?	Kommst du in den Chat?
¿Quieres chatear?	Willst du chatten?
¿Chateamos el sábado?	Chatten wir am Samstag?
Pégalo en tu página.	Poste es auf deiner Seite.
Comparte el link.	Teile diesen Link.
Ha aparecido en mi *suministro de noticias / News Feed.*	Es erschien in meinem News Feed.
bboo / bss = besos	Küsse
bn = bien	gut
bno = bueno	*o.k. / gut*
cbt = cobertura	Netz
chatmos + trd = chateamos más tarde	wir chatten später
cl cl = claro, claro	natürlich, natürlich
Djme n pz! = ¡Déjame en paz!	Lass mich in Frieden!
e-m = email	E-Mail
ers = eres	du bist
eys = ellos	sie *(Mehrzahl)*
hla = hola	Hallo!
k acs? = ¿Qué haces?	Was machst du gerade?
nxe = noche	Nacht
pa = para	an , für
prf = profesor	Lehrer, Dozent
q / k = que	*was / dass*

QT1BD = ¡Que tengas un buen día!	Einen schönen Tag!
q diablos? = ¿Qué diablos?	Was zum Teufel?
q haces? = ¿Qué haces?	Was machst du so?
rptlo = repítelo	wiederhole es
ta lgo / h lgo = hasta luego	bis nachher
tas pasao = te has pasado	du bist zu weit gegangen
tg…? = ¿Te gusta…?	Gefällt dir …?
trae 2 botyas d vin = trae dos botellas de vino	bring zwei Flaschen Wein mit
vms jnts? = ¿Vamos juntos?	Gehen wir zusammen hin?
vns cnmgo? = ¿Vienes conmigo?	Kommst du mit?
♂ wapo / ♀ wapa = ♂ guapo / ♀ guapa	*schön, attraktiv*
x crto = por cierto	übrigens
x la nxe = por la noche	heute *Abend / Nacht*
x mi = por mí	von mir aus
x q? = ¿Por qué?	Warum?
yo tmb = yo también	ich auch

Es gibt auch viele lautmalerische Kürzel, z.B:

grr = ich bin sauer
JAJA = breites Lachen
jeje = Grinsen
muac = Schmatzer
zzz = Schnarchen, Langeweile

> **Gut zu wissen!**
> Beim Chatten muss es schnell gehen, deswegen wird vieles verkürzt. Zum Beispiel:
> • Es werden Akzente ignoriert.
> • Wie beim Simsen werden Frage- und Ausrufezeichen am Anfang *(¿ ¡)* weggelassen.
> • Bei den Partizipformen auf *-ado* wird auch gerne das *d* verschluckt: *comprado* wird zu *comprao*.
> • Es werden viele Wörter abgekürzt und Silben verschluckt: *hasta luego = ta luego*
> • Anfangsbuchstaben im Satz werden oft kleingeschrieben.
> • Sehr oft wird die Buchstabenkombination *qu* durch *k* ersetzt: *¿qué? = ¿ké?*

M

Medien und Kommunikation

51 Enviar correos electrónicos y datos digitalizados
Mailen und digitale Daten tauschen

In Briefen und E-Mails setzt man im Spanischen in der Regel einen Doppelpunkt nach der Anrede. Der Text danach fängt dann mit Großbuchstaben an. Mittlerweile sieht man jedoch auch zunehmend ein Komma nach der Anrede.

Estimado Sr. / Estimada Sra. Antúnez:	Sehr geehrte(r) *Herr / Frau* Antúnez,
Querido Juan: / Querida Rosa:	*Lieber Juan, / Liebe Rosa,*
Hola Pepe:	Hallo Pepe,
Gracias por su *mensaje / correo*.	Danke für Ihre *Nachricht / E-Mail*.
Le contesto en relación a su petición del pasado lunes.	Ich antworte auf Ihre Anfrage vom Montag.
Le envío este breve *correo / mensaje* para ponerle al corriente.	Ich schreibe Ihnen diese kurze *Mail / Nachricht*, um Sie über den aktuellen Stand zu informieren.
Le adjunto el fichero en cuestión.	Ich hänge die betreffende Datei an.
En el correo faltaba el adjunto.	Der Anhang war nicht dabei.
Lamentablemente no puedo abrir el fichero.	Ich kann leider die Datei nicht öffnen.
¿Puedes enviarlo *otra vez / en otro formato*?	Kannst du sie *noch einmal / in einem anderen Format* senden?
Pongo en copia a Ana Marín porque es responsable de…	Ich setze Ana Marín CC, weil sie für … verantwortlich ist.
¿Me haría el favor de reenviar esto a todos los interesados?	Würden Sie das bitte an alle Betroffenen weiterleiten?
Esto es (altamente) confidencial.	Dies ist (streng) vertraulich.

Disculpe que le conteste tan tarde, es que…	Entschuldigen Sie, dass ich erst so spät antworte, (der Grund ist, dass) …
Me alegrará recibir pronto noticias suyas.	Ich freue mich, bald von Ihnen zu hören.
Si tuviera *algún problema / alguna pregunta* no dude en ponerse en contacto conmigo.	Bitte melden Sie sich, falls es *Probleme / Fragen* gibt.
Estoy a su disposición.	Ich stehe Ihnen zur Verfügung.
Saludos cordiales, / (Reciba) un cordial saludo,	Mit freundlichen Grüßen
Con mis mejores deseos,	Mit den besten Wünschen
Atentamente,	Hochachtungsvoll
Échale un vistazo a esto en Youtube. Aquí tienes el *link / vínculo.*	Schau dir das auf YouTube an. Hier ist der Link.
Esta es la dirección web.	Dies ist die Webadresse.
Cargo las *imágenes / fotos* en el servidor.	Ich lade die Bilder auf den Server hoch.
Coloco las imágenes en mi nube web y te las libero.	Ich lege die Fotos in meine Cloud und gebe sie für dich frei.
Tengo problemas para entrar en la página.	Ich habe Probleme, mich einzuloggen.
Continuamente me sale este aviso de error.	Ich bekomme ständig diese Fehlermeldung.
¿Ya has *instalado la última actualización / sincronizado?*	Hast du schon *das neueste Update installiert / synchronisiert?*

Geschäftliche Briefe und Mails zwischen Geschäftspartnern, die sich persönlich kennen, sind oft sehr herzlich im Ton, vor allem beim Abschied: *Un abrazo* = eine Umarmung, *Saludos a tu familia* = Grüß deine Familie von mir.
Bei Geschäftsschreiben an unbekannte Personen ist *atentamente* eine weiterhin gebräuchliche Grußformel.

Gut zu wissen!
Gängige Symbole und Kürzel im WWW:
@ = *arroba*   / = *barra*   \ = *barra inversa*
.es = *punto e s*   – = *guión*   _ = *guión bajo*
www = *tres uve-dobles*

M

Medien und Kommunikation

52 Escribir cartas y postales
Briefe und Karten schreiben

Zu den Gepflogen-
heiten bei geschäft-
lichen Briefen siehe
auch die Anmerkun-
gen im Kapitel 51.

für etwas danken =
agradecer algo:
Les escribo para
agradecerles su
apoyo. (Ich schreibe
Ihnen, um Ihnen für
Ihre Unterstützung zu
danken.)

Señores, señoras: / Muy señores míos:	Sehr geehrte Damen und Herren,
A la atención de (A/A)…	Zu Händen (z. Hd.) …
Le / Les escribo para…	Ich schreibe *Ihnen (Singular) / Ihnen (Plural)*, um …
… informarme si…	… mich zu erkundigen, ob …
… *agradecerle / agradecerles*…	… *Ihnen (Singular) / Ihnen (Plural)* für … zu danken.
… confirmar que…	… zu bestätigen, dass …
… poner en su conocimiento…	… Sie von … zu unterrichten.
En relación con nuestra conversación telefónica el pasado miércoles…	In Bezugnahme auf unser Telefongespräch vom letzten Mittwoch …
Adjunto…	Ich füge … bei.
Me alegra poder *comunicarle / informarle de* que…	Ich freue mich, Ihnen sagen zu können, dass …
Lamento / Siento tener que comunicarle que…	Ich bedauere, Ihnen mitteilen zu müssen, dass …
Le ruego disculpe cualquier inconveniente *causado / ocasionado* por el asunto.	Ich entschuldige mich für jegliche Unannehmlichkei-ten, die Ihnen daraus ent-standen sind.
Para cualquier otra consulta, no dude en ponerse en con-tacto conmigo.	Für weitere Fragen stehe ich Ihnen jederzeit gerne zur Verfügung.
Saludos cordiales, / Reciba un cordial saludo,	Mit freundlichen Grüßen

¡Hola desde Berlín!	Hallo aus Berlin!
Lo estamos pasando estupendamente.	Wir haben eine tolle Zeit.
El tiempo es fantástico.	Das Wetter ist fantastisch.
La playa es *fabulosa / estupenda*.	Der Strand ist hervorragend.
La gente es realmente muy amable.	Die Menschen sind wirklich freundlich.
Espero que estéis bien.	Ich hoffe, bei euch ist alles in Ordnung.
Nos alegramos de volver a veros a la vuelta.	Wir freuen uns schon auf euch, wenn wir wieder da sind.
Muchas gracias de nuevo por ocuparte *del gato / de las plantas*.	Danke noch einmal, dass du dich um die *Katze / Pflanzen* kümmerst.
¡Que disfrutes tu cumpleaños!	Genieß deinen Geburtstag!
¡Que tengas un buen día!	Ich wünsche dir einen schönen Tag.
Pensaremos en ti.	Wir denken an dich.
Daremos señales de vida.	Wir melden uns.
Os llama(re)mos, ¿vale?	Wir rufen euch an.
Un *besito / besote / besazo,*	*Küsschen / Dicken Kuss / Schmatzer*
Un abrazo muy fuerte,	Sei fest umarmt

In vielen Ländern Lateinamerikas heißt es: *La estamos pasando estupendamente.*

Es gibt viele Varianten, sich informell nach dem Befinden zu erkundigen: *¿Cómo estás? ¿Cómo te va? ¿Cómo andás?* (Argentinien) *¿Qué hubo?* (Kolumbien) *¿Qué onda?* (Mexiko)

Gut zu wissen!
Bei der Übersetzung von „Ich freue mich auf …" ins Spanische passieren oft Fehler:
Ich freue mich auf die Reise (Vorfreude): ***Me hace mucha ilusión*** *el viaje.*
Ich freue mich auf dich: ***Me hace*** (mucha) ***ilusión*** *verte.*
Ich freue mich (darüber), dich zu sehen: ***Me alegro de*** *verte /* ***Me alegra*** *verte.*

KÖRPERSPRACHE UND GESTEN

Verallgemeinerungen sind immer etwas riskant, aber man kann sagen, dass Spanier und Lateinamerikaner mit Gesten und Gesichtsausdrücken nicht gerade sparsam umgehen. Dabei gibt es Unterschiede zwischen Spaniern und Lateinamerikanern. Ein Spanier wird durchaus den Arm um Ihre Schulter legen oder Ihnen auf den Rücken klopfen. Lateinamerikaner sind in der Regel nicht so überschwänglich mit Körperkontakt zu Unbekannten. Viele Lateinamerikaner vermeiden in der Regel direkte Verneinungen, um peinliche oder schwierige Situationen im Umgang miteinander zu umgehen. Für Lateinamerikaner gelten Spanier deshalb manchmal als etwas schroff und zu direkt.

Dies kann vor allem bei geschäftlichen Beziehungen zu Lateinamerikanern zu Missverständnissen führen, weil man eine Absage oder Desinteresse nicht deutlich verstanden hat. Oft kann eine lange Verzögerung oder wiederholtes Übersehen auch eine Absage sein. Dies zu verstehen erfordert Geduld und Feingefühl.

Weit verbreitete Gesten in Spanien und Lateinamerika

Der rechte Arm ist leicht gebeugt und mit dem Zeigefinger wird eine kreisende Bewegung gemacht: *Nos vemos luego.* (Wir sehen uns später.)

Die rechte Hand wird ans rechte Ohr geführt. Dabei zeigt der der Daumen zum Ohr und der kleine Finger zum Mund, beide sind gestreckt, alle anderen Finger sind geschlossen: *Nos llamamos.* (Wir telefonieren.)

Der rechte Arm ist nach oben angewinkelt, alle Finger der Hand zeigen nach oben, die Fingerspitzen sind zusammen. Sie werden mehrmals leicht geöffnet und wieder zusammengeführt. Dies bedeutet „viel, voll": *Hay ♀ mucho(s) / ♀ mucha(s). / Está lleno.* (Es gibt sehr viel(e). / Es ist voll.)

Der rechte Arm ist nach oben angewinkelt, alle Finger der Hand zeigen nach oben, die Fingerspitzen sind zusammen. Sie werden mehrmals aneinander gerieben: *Cuesta mucho. / Es carísimo.* (Es kostet viel. / Es ist sehr teuer.)

In Spanien und Lateinamerika wird der Vogel leicht anders gezeigt. Der Zeigefinger weist auf die Stirn und wird aus dem Handgelenk leicht gedreht: *A ♂ este / ♀ esta le falta un tornillo.* (Bei dem / der ist eine Schraube locker.) Wenn Sie sich jedoch mit dem Zeigefinger auf die Stirn tippen, kann das Gegenteil verstanden werden: *Es muy inteligente.* (Er ist ein kluges Köpfchen.)

Wenn Sie in Spanien in der Schlange stehen und jemand sich vordrängt, werden Sie wahrscheinlich Menschen sehen, die sich mit der Handfläche an die Wange klopfen. Das ist nichts Schönes und will heißen: *¡Qué cara más dura!* (Der ist ganz schon dreist!) Und zwar so dreist, dass er nicht einmal die Miene dabei verzieht: *cara dura* = „hartes Gesicht"

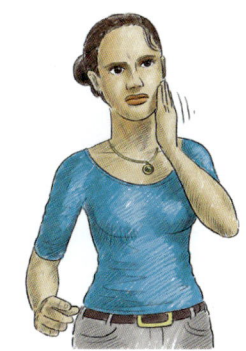

PERSONALPRONOMEN UND -ENDUNGEN: DU, SIE, IHR, SIE (PLURAL)

Pronomen	Singular		Plural
Subjektpronomen	tu (du)	usted (Sie)	vosotros(as), ustedes (ihr, Sie)
dir. Objektpronomen	te (dich)	lo, la*(Sie)	los/, las* (euch, Sie)
indir. Objektpronomen	te (dir)	le (Ihnen)	les (euch, Ihnen)
Reflexivpronomen	te (dich)	se (sich)	os, se (euch, sich)
Possessiva	tu** (dein)	su** (Ihr)	vuestro, suyo** (euer, Ihr)

*männlich (lo) und weiblich (la) / **je nach Numerus anpassen

Präsens	-ar	-er	-ir	haber	ser
du	hablas	comes	abres	has	eres
Sie	habla	come	abre	ha	es
ihr	habláis	coméis	abrís	habéis	sois
Sie (Pl.)	hablan	comen	abren	han	son

Das Pretérito Perfecto setzt sich zusammen aus dem Hilfsverb haber und dem Partizip Perfekt des Hauptverbs, z. B. has hablado, ha tenido, hemos ido.

Indefinido	-ar	-er	-ir	haber	ser
du	hablaste	comiste	abriste	hubiste	fuiste
Sie	habló	comió	abrió	hubo	fue
ihr	hablasteis	comisteis	abristeis	hubisteis	fuisteis
Sie (Pl.)	hablaron	comieron	abrieron	hubieron	fueron

Imperfekt	-ar	-er	-ir	haber	ser
du	hablabas	comías	abrías	habías	eras
Sie	hablaba	comía	abría	había	era
ihr	hablabais	comíais	abríais	habíais	erais
Sie (Pl.)	hablaban	comíais	abrían	habían	eran

Imperativ	-ar	-er	-ir	ser
du*	habla	come	abre	sé
Sie	hable	coma	abra	sea

***verneinter Imperativ wie Subjuntivo Präsens (no comas)

Konditional	-ar	-er	-ir
du	hablarías	comerías	abrirías
Sie	hablaría	comería	abriría

Subjuntivo Präsens	-ar	-er	-ir	haber	ser
du	hables	comas	abras	hayas	seas
Sie	hable	coma	abra	haya	sea
ihr	habléis	comáis	abráis	hayáis	seáis
Sie (Pl.)	hablen	coman	abran	hayan	sean